Alrun Rehr

Mein kleiner Wegweiser

in 80 Kinderandachten zu Besuch bei Familie Luther

Alrun Rehr

MEIN KLEINER WEGWEISER

IN 80 KINDERANDACHTEN
ZU BESUCH BEI FAMILIE LUTHER

Verlag der Lutherischen Buchhandlung
Groß Oesingen

2012

ISBN: 978-3-86147-330-5

Herstellung:
Druckhaus Harms – 29393 Groß Oesingen

Die Bibelstellen sind entnommen aus:
Lutherbibel, revidierter Text 1984, durchgesehene Ausgabe,
© 1999 Deutsche Bibelgesellschaft, Stuttgart

Bildernachweis:

fotolia.com: S. 8: © Kzenon, S. 11: © Steffen Niclas, S. 14: © dundersztyc, S. 18: © goldbany, S. 22: © air, S. 24: © Johannes D. Mayer, S. 28: © Vera Kuttelvaserova, S. 30: © m_reinhardt, S. 36: © jeancliclac, S. 40: © simonalvinge, S. 44: © Marco2811, S. 48: © Andrey Kuzmin, S. 53: © contrastwerkstatt, S. 55: © fotoperle, S. 58: © rov16, S. 61: © mariusz szczygieł, S. 66: © mickyso, S. 69: © Christian Jung, S. 74: © Christas Vengel, S. 79: © Maksim Too, S. 81: © shocky, S. 85: © vladischern, S. 89: © PhotographyByMK, S. 94: © M. Schuppich, S. 98: © jd-photodesign, S. 101: © raulbaena, S. 105: © Hirurg, S. 109: © WavebreakMediaMicro, S. 113: © GiZGRAPHICS, S. 118: © glogoski, S. 122: © hitdelight, S. 127: © volff, S. 130: © paffy, S. 134: © adri76, S. 138: © Eisenhans, S. 143: © rangizzz, S. 146: © Malena und Philipp K, S. 150: © Mari_art, S. 153: © silencefoto, S. 157: © satori, S. 161: © Joanna Zielinska, S. 163: © chris-m, S. 165: © Julie Hagan, S. 169: © contrastwerkstatt, S. 175: © Jocky, Umschlag: © S. Kobold, © picsfive, Fußspuren: © JiSIGN

pixelio.de: S. 22, 24, 38: © Thomas Fresia

Zu beziehen durch:
Verlag der Lutherischen Buchhandlung
Martin-Luther-Weg 1 – 29393 Groß Oesingen
Telefon: 0 58 38 / 990 880 – Telefax: 0 58 38 / 7 02
E-Mail: Harms@Lutheraner.com

AN MEINE KLEINEN UND GROSSEN LESER:

Nun ist „Mein kleiner Wegweiser" fertig geworden.
Dafür bin ich Gott von Herzen dankbar.

Als letztes Jahr der „große Bruder" ‚Luthers Wegweiser für jeden Tag' (Hänssler Verlag) neu herauskam, wurde häufig nach einem Luther-Kinderandachtsbuch gefragt. Da sich die Anfragen häuften, verfasste ich aus Lust und Freude ein paar Andachten, wie ich sie mir für Kinder von 7–11 Jahren gut vorstellen konnte.
Die Leseproben wurden in viele Familien mit Kindern im Alter der Zielgruppe geschickt. Familien mit Einzelkindern, Familien mit Migrationshintergrund, Pastorenfamilien, Kinder mit Kirchenvorsteher-Eltern, neu in die Selbständige Ev.-Luth. Kirche eingetretene Familien, Traditionsfamilien.
Die Resonanz war durchweg positiv. Das ermutigte mich, weiterzumachen.
Jetzt haltet ihr sie in Händen:
Martin, Katharina, Hans, Magdalena, Martin Junior, Paul und Margarete.
Jeder von ihnen kann euch was von Gott erzählen. Es lohnt sich, zuzuhören.

Ach, übrigens:

Ab und an und nebenbei lest ihr auch etwas, was bei uns in der Familie vorgefallen war. Zum Beispiel: Christoph singt wirklich am lautesten im Gottesdienst! ☺

Und noch etwas:

Fragen stellen und miteinander reden im Anschluss an die Andacht sind durchaus erwünscht. ☺

Und schon wieder was:

Entdeckt jemand von euch hier und da etwas Bekanntes aus dem Kleinen Katechismus? Fragt mal eure Eltern!

Viel Spaß!

Eure Alrun

VORWORT

Martin

In den Geschichten dieses Andachtsbuches heißt er einfach nur Martin. Von diesem Martin und um ihn herum werden Geschichten erzählt, wie sie eben passieren. Um Gott und die Welt geht es. Umrahmt von vorangestellten Bibelversen und abschließenden Gebeten werden Geschichten von und um Martin vor Augen gemalt: Geschichten, die man einfach so wegliest, sodass man nach einer Andacht am liebsten gleich wissen möchte, wie es in der nächsten weitergeht.

Gleich am Anfang erfahren die Leserinnen und Leser, was es mit diesem Martin auf sich hat, mit diesem Martin Luther, der vor 500 Jahren gelebt hat und ein großer und wichtiger Mann in der Geschichte der Kirche geworden ist, der aber vor allem ein Christ war, dem alles daran lag, mit Gott an seiner Seite durchs Leben zu gehen.

Wie so ein lebendiger Glaube an Gott im ganz normalen Leben vorkommt und hilft, davon liest man in diesem Buch. Da wird gestritten und Frieden geschlossen, gelogen und entschuldigt, gemalt und erzählt, gebetet und gesungen, gefragt und geantwortet, geweint und gelacht, gezweifelt und vertraut. Menschliche Geschichten sind es eben – und gerade darum sind sie hochaktuell, obwohl sie aus einer Zeit ohne Internet und Handy zu uns herübererzählt werden.

Alrun Rehr hat im Rahmen dessen, was wir von Martin Luther, seinem Wirken, seiner Familie und seinem Umfeld wissen, Geschichten geschrieben, die Bilder von dem entwerfen, wie es war oder doch gewesen sein könnte.
Es ist kein Geschichts-, sondern ein Geschichtenbuch, das mit klarer Sprache und sofort nachvollziehbaren Beispielen darstellt, was Martin am Herzen lag.
Geschichten sind das, die im Leser weiterwirken wollen, die anstecken wollen, so wie Martin mit diesem lebendigen Gott zu leben: auf ihn zu hören, zu ihm zu beten, nach dem, was er rät, zu leben und – vor allem – ihm zu vertrauen.

Die Geschichten sind für 7- bis 11-jährige Kinder geschrieben worden und können in der täglichen Andacht, im Kindergottesdienst oder kirchlichen Unterricht gelesen werden.
Damit ist nicht ausgeschlossen, dass auch Jugendliche und Erwachsene die Geschichten von und um Martin mit Interesse, Spannung und Gewinn lesen – Geschichten aus einer anderen Zeit und Welt und doch so erzählt, dass sie ins Hier und Heute treffen.

Es wäre ganz in Martins, Alruns und meinem Sinn, wenn diese Andachten von möglichst vielen Menschen gelesen und gehört werden und dazu beitragen, dass der christliche Glaube an Gott geweckt und gefördert wird und das Leben prägt.

Michael Schätzel *Hannover, 18. August 2012*

GUT ZU WISSEN...

Martins Kindheit

Es ist schon sehr lange her, dass Martin Luther mit seinen Eltern und sieben Geschwistern in der schönen bergigen Gegend am Harz wohnte. Martin war der Älteste. Bei ihm zu Hause war immer was los. Nach der Schule halfen die Kinder den Eltern in Haus und Hof. Danach tobte er auf seinem Steckenpferd durchs Haus, um die Wette mit Jakob, seinem Bruder. Martin war schnell. Draußen brachte er das Windrad in seiner Hand zum Drehen, immer stärker und stärker, je schneller er rannte. Seine Schwester Margaretha und er spielten gerne mit Murmeln. Wenn alle bei der Andacht sangen und musizierten, setzte er oft die kleine Dorothea auf seinen Schoß. Martin nahm eine kleine Glocke in die Hand und ließ sie im Takt der Musik erklingen. Dorothea jauchzte vor Freude. Sie versuchte, ihre Hände beim Beten zu falten. Martin war am fröhlichsten, wenn er mit allen zusammen war.

Martins Schulzeit

Mit 12 Jahren kam Martin auf eine Schule, die in der nächsten großen Stadt war. Er wohnte dort bei Verwandten. Damals, im Mittelalter, ging es in der Schule noch sehr streng zu und Martin hatte oft Heimweh. Mit 18 Jahren verließ Martin die Schule, um einen Beruf zu erlernen. Sollte er Arzt werden? Oder Anwalt, so wie sein Vater es sich wünschte? Martin hätte auch Freude daran gehabt, Pastor zu werden. Er erzählte seinem

Freund: „Mit Mutter bin ich am häufigsten zur Kirche gegangen. Ich mag die ruhige und feierliche Stimmung dort. Ich finde es schön, in der Kirche zu sein."

Martins Entschluss, Mönch zu werden

Eines Tages wanderte er nach Hause zu seinen Eltern. Ein schweres Gewitter zog auf. Donner und Blitze kamen immer näher. Es knallte entsetzlich und Martin wurde mit großer Wucht umgeworfen. Ein Blitz hatte in seiner direkten Nähe eingeschlagen. Er fürchtete sich sehr und fing an zu beten: „Gott, ich verspreche dir: Wenn ich heile nach Hause komme, werde ich Mönch!" Martin überlebte das Gewitter und hielt sein Versprechen.

Martins Leben als Mönch

Das Leben als Mönch war hart. Im Kloster durfte er kein eigenes Geld haben. Es wurde sehr oft gefastet, gebetet und viel gearbeitet. Martin dachte viel nach: „Tue ich wirklich genug, um ein guter Mensch zu sein? Ist Gott mit mir zufrieden?" Er wurde immer trauriger und konnte kaum noch schlafen, so viel grübelte er. Als er wieder einmal in der Bibel las, fand er etwas, das er einfach nicht mehr vergessen konnte: Gott kommt es nicht auf unsere guten Taten an. Und: Gott möchte, dass wir an Jesus Christus glauben. Martin sagte sich das immer wieder und es wurde ihm ganz leicht ums Herz.

Martin in Gefahr

Eines Tages hörte er, wie ein Pastor sagte: „Gebt der Kirche Geld, dann sind euch eure Sünden vergeben." Martin wurde wütend: „Gott hat die Menschen so lieb, dass er seinen Sohn Jesus Christus auf die Welt schickte, um für unsere Sünden zu sterben. Dafür ist kein Geld nötig!" Martin merkte, dass nicht alle Christen seine Gedanken gut fanden. Als er dann auch noch seine Meinung auf ein großes Stück Papier schrieb und es an eine Kirchentür mitten in der Stadt nagelte, damit alle es lesen konnten, sollte er dafür streng bestraft werden. Wichtige Männer der Kirche ließen ihn verfolgen. Aber er versteckte sich mit Hilfe von Freunden auf einer Burg.

Martin übersetzt

Auf der Burg übersetzte er Teile der Bibel in die deutsche Sprache. Bis dahin gab es keine deutschen Bibeln. Martin wollte, dass alle Menschen Gottes Wort lesen konnten. Die Menschen lasen seine Übersetzung sehr gerne. Auf diese Weise erfuhren sie viel über Gott und seinen Sohn Jesus Christus.

Martin und seine Familie

Martin heiratete Katharina. Sie hatte auch ein paar Jahre in einem Kloster gelebt. Die beiden bekamen 6 Kinder: Hans, Elisabeth, Magdalena, Martin, Paul und Margarete. Sie wohnten in der Stadt Wittenberg. Das Haus, in dem sie lebten, wurde ‚schwarzes Kloster' genannt. Sie waren eine fröhliche Familie, die gerne miteinander spielten, Lieder sangen und musizierten. Sie bekamen auch viel Besuch. Es wurde viel gelacht, wenn sie beieinander saßen.

Diesen fröhlichen Glauben, den Gott Martin schenkte und den er allen schenken will, die ihn suchen, entdeckt ihr auf jeder Seite dieses Buches.

Viel Spaß dabei! ☺

ANMERKUNGEN:

Alle Geschichten aus dem Leben der Familie Luther sind frei erfunden.
Ähnlichkeiten mit historischen Vorkommnissen sind zufällig.
Es wird kein Anspruch auf historische Richtigkeit erhoben.

BIBELSTELLE

Als Bartimäus hörte, dass es Jesus von Nazareth war, fing er an, zu schreien und zu sagen: Jesus, du Sohn Davids, erbarme dich meiner! Markus 10,47

Martin sagte zu seinen Kindern: „Unser Heiland hat einen ganz besonderen Namen: Jesus! Dieser Name passt so richtig gut zu Gottes Sohn. Denn Jesus heißt auf Deutsch: Retter. Das bedeutet: Er hilft."

Und dann erzählte er ihnen vom blinden Bartimäus:

„Bartimäus wusste ganz tief in seinem Herzen, dass Jesus Christus ihm helfen konnte. Deswegen rief er laut nach ihm. Und dann noch einmal. Immer lauter! Die Leute um ihn herum hätten ihm am liebsten den Mund zugehalten.

Aber Bartimäus ließ sich nicht entmutigen.

Denn alle wussten ganz genau, von wem Bartimäus Hilfe erwartete, er schrie Jesus Namen so laut er konnte: ‚Jesus, hilf mir!'

Jesus war von einer Menge Menschen umgeben, die alle gleichzeitig redeten. Aber er hörte Bartimäus' Stimme ganz genau heraus und rief ihn zu sich.

Als die Jünger ihn aufforderten, zu Jesus zu gehen, war er voller Vorfreude. Er hatte es geschafft: Jesus Christus würde mit ihm sprechen. Er nahm sich Zeit für ihn, obwohl doch so viele andere da waren, die etwas von Jesus wollten.

Tatsächlich half er Bartimäus und erfüllte ihm seinen größten Wunsch: gesunde Augen zu haben und sehen zu können.

Bartimäus' Herz platzte fast vor Freude. Er war froh und dankbar und getröstet und erleichtert – alles gleichzeitig.

Bartimäus konnte gar nicht anders, als Jesus Christus nachzufolgen. Er wurde Jesu Jünger. Er erinnerte sich oft an diesen Tag und war froh, dass er so mutig gewesen war und Jesus laut beim Namen gerufen hatte."
Hans, der älteste der Geschwister, sagte: „Weißt du was, Vater? Ich freue mich darüber, dass jeder, der getauft wird, diesen Namen geschenkt bekommt. Deshalb heißen wir doch nach der Taufe Christen. Stimmt's oder habe ich recht?" Hans grinste.
Martin nickte zustimmend und grinste zurück. „Deshalb wissen wir ganz sicher, dass Christus immer hören und helfen wird, wenn wir seinen Namen rufen und zu ihm beten."

GEBET

Danke, Herr Jesus Christus, dass ich seit meiner Taufe deinen Namen trage. Ich freue mich, dein Kind zu sein und möchte dir Freude machen. Hilf mir bitte dabei.

BIBELSTELLE

Darum sollt ihr so beten: Unser Vater im Himmel! Matthäus 6,9a

Es war abends. Heute war Philipp da gewesen, Martins Freund. Sie hatten Wichtiges miteinander beredet und Martin war noch voller Gedanken an das Gespräch. Er merkte gar nicht, dass sein Sohn Hans vor ihm stand.
„Vater?" Keine Reaktion. „Vater! Du wolltest mich ins Bett bringen und mit mir beten!"

Martin schaute auf: „Ach, Hans, das hatte ich ja ganz vergessen. Bist du schon so weit? Weil du so viel Geduld mit mir haben musst, werde ich dir von dem schönsten Gebet erzählen, das es gibt. Und wer sich das ausgedacht hat."
Hans nickte begeistert und lief schon mal voraus. Bis sein Vater hinterher gekommen war, saß er schon erwartungsvoll in seinem Bett.
Martin setzte sich an die Bettkante und begann: „Jesus steht auf einem Berg. Er hatte gemerkt, dass viele Menschen sich auf den Weg gemacht

hatten, um ihn zu sehen und zu hören. Diesen Wunsch möchte Jesus ihnen gerne erfüllen. Die Leute setzen sich, als er anfängt zu reden. Obwohl es windig ist, können sie ihn gut verstehen. Sie nehmen sich seine Worte zu Herzen. Aus allem, was Jesus erzählt, hören sie heraus, wie lieb Gott die Menschen hat. An einer Stelle aber machen alle ihre Ohren ganz weit auf: ‚So sollt ihr beten', sagt Jesus: ‚Unser Vater im Himmel!' Meint er das ernst? Sie dürfen Vater zu Gott sagen? So darf man beten? Jesus spürt, dass manche das gar nicht glauben können und den Kopf schütteln. Und dann schenkt er allen, die an ihn glauben, das schönste Gebet überhaupt: Das Vaterunser. Wer das betet, sagt seinem Vater im Himmel zuerst, wie lieb er ihn hat und dann bittet er um alles, was er braucht und auf dem Herzen hat. So wie es ein Kind macht, wenn es auf den Schoß des Vaters klettert und ihm erzählt, was es gerade beschäftigt. Gott freut sich jedes Mal, wenn er von seinen Kindern mit ‚Vater' im Gebet angesprochen wird. Weil er dann weiß, dass er geliebt wird. Und das ist das Schönste für ihn!"

Martin und Hans nahmen sich vor, dieses Gebet auswendig zu lernen. Jeden Tag wollten sie das Vaterunser buchstabieren, wie ein Kind, das Lesen lernt. Sie wussten, dass sie Gott eine Freude machen, wenn sie sich intensiv damit beschäftigen.

GEBET

Vater unser im Himmel!
Geheiligt werde dein Name. Dein Reich komme.
Dein Wille geschehe, wie im Himmel so auf Erden.
Unser tägliches Brot gib uns heute. Und vergib uns unsere Schuld, wie auch wir vergeben unseren Schuldigern. Und führe uns nicht in Versuchung, sondern erlöse uns von dem Bösen.
Amen.

BIBELSTELLE

Gott zeigte mir einen Strom lebendigen Wassers, klar wie Kristall, der ausgeht von dem Thron Gottes und des Lammes; mitten auf dem Platz und auf beiden Seiten des Stromes Bäume des Lebens, die tragen zwölfmal Früchte, jeden Monat bringen sie ihre Frucht, und die Blätter der Bäume dienen zur Heilung der Völker.
Offenbarung 22,1–2

Nach einem Brief von Martin an seinen ältesten Sohn Hans, als der 4 Jahre alt war.
Das Kerzenlicht flackerte in der Zugluft. Es war kalt und Martin fröstelte.

Er zog sich seinen Mantel enger um die Schultern und stellte das Tintenfässchen vor sich.

Zwei Wochen war er nun schon von zu Hause fort. Seine Gedanken gingen jeden Tag zu Katharina und den Kindern nach Wittenberg.

Heute hatte Martin beschlossen, jedem einen Brief zu schreiben. Mit Hans wollte er anfangen. Das Papier lag bereit.

Martin schrieb:

Meinem herzlieben Sohn Hans Luther in Wittenberg.
Gnade und Friede in Christus!

Mein lieber Sohn, ich höre mit Freude, dass du eifrig lernst und gerne betest. Gut, mein Sohn, mach weiter so.
Wenn ich nach Hause komme, werde ich dir ein Geschenk mitbringen.
Weißt du was?
Ich kenne einen schönen Garten. Da sind viele Kinder. Sie essen Äpfel und Birnen, Kirschen, Erdbeeren und Pflaumen. Sie singen, springen und sind fröhlich. Sie haben auch Pferde mit goldenem Zaumzeug und silbernen Sätteln.
Als ich den Besitzer des Gartens fragte, zu wem die Kinder gehören, sprach er: „Das sind die Kinder, die gerne beten, lernen und an Gott glauben."
Da antwortete ich: „Lieber Mann, ich habe auch einen Sohn, der heißt Hans Luther. Kann der auch in den Garten kommen, damit er das schöne Obst essen und auf den Pferden reiten kann und mit den anderen Kindern spielen darf?"
Der Mann sagte: „Wenn dein Sohn gerne betet, lernt und an Gott glaubt, kann er auch in den Garten kommen. Seine Freunde Lippus und Jost auch. Wenn alle zusammen sind, werden sie auch Pauken bekommen und dürfen mit Armbrüsten schießen."
Ich sprach zu dem Mann: „Ach, lieber Herr, ich will das alles schnell meinem Sohn Hans schreiben, damit er bestimmt fleißig lernt, eifrig betet und gerne

an Gott glaubt, damit er auch in diesen Garten kommt. Aber er hat eine Tante Lene, die ihn sehr lieb hat. Die muss er mitbringen."
Da sprach der Mann: „So soll es sein. Geh los und schreib es ihm genauso."
Darum, lieber Hans, lerne und bete weiter! Sag es auch Lippus und Jost, damit sie lernen und beten, so werdet ihr miteinander in den Garten kommen.
Sei hiermit dem lieben Gott befohlen.
Grüße Tante Lene und gib ihr einen Kuss von mir.

Dein lieber Vater Martin

GEBET

Herr Jesus Christus, in diesem Garten geht es fröhlich zu. Und du bist auch dort. Das finde ich sehr schön. Deshalb möchte ich auch dorthin. Bitte hilf mir dabei. Schenk mir das ewige Leben.

BIBELSTELLE

Wie oft habe ich deine Kinder versammeln wollen wie eine Henne ihre Küken unter ihre Flügel und ihr habt nicht gewollt!

Lukas 13,34b

Martin liebte es, in den Stall zu gehen, um die Hühner zu füttern. Es war dort immer ein bisschen ruhiger als im Tumult der Familie. Er konnte sich ein paar Minuten Pause gönnen, bevor er zurück an die Arbeit musste. Gerne beobachtete er, wie die Henne mit ihren Kleinen umging.

Eines Tages nahm er seinen jüngsten Sohn Paul mit in den Stall und sagte: „Komm, setz dich hier auf die Leiter und schau genau hin, was passiert, wenn ich anfange, Futter auszustreuen."
Als die Henne merkte, dass es was zu Fressen gab, suchte sie ihre Kleinen zusammen. Aber von vier Küken war eins nicht zu finden!
Martin erklärte Paul weiter: „Kaum ein anderes Tier nimmt sich seiner Jungen so treu an. Hör nur, wie die Henne ihre Stimme verändert, während sie ihr Küken sucht! Damit lockt sie ihre Kinder und will sie um sich scharen."
Als auch das letzte Küken seinen Weg durch das Strohgewirr hindurch zur Mutter gefunden hatte, wandte sie sich dem Futter zu. Immer, wenn sie etwas zum Fressen fand, fraß sie es nicht selbst, sondern überließ es den Küken.
Martin konnte Paul noch mehr berichten: „Wenn sie mit ihren Kindern draußen ist und der Geier fliegt über unseren Hof, dann schreit und ruft sie gegen den Geier an und breitet freiwillig ihre Flügel aus zum Schutz für ihre Kleinen. Sie ist so mutig! Manchmal lässt sie die Küken unter sich und über sich klettern und hat selbst noch Freude dabei. Das ist richtig schön anzusehen!"

An dieses Stallerlebnis erinnerte er sich einige Jahre später und erzählte davon in einer Predigt.
Dann erklärte er: „Genau wie die Henne ihre Küken ruft, so will Jesus uns zu sich locken. Er sucht selbst

von ganzem Herzen in der Bibel nach passenden Worten, die uns gut tun und lockt uns damit. Er breitet seine Flügel aus. Genauso groß und weit wie diese Flügel, ist auch seine Gnade. Er nimmt uns freundlich in seine Arme und ist unser Schutz in jeder Notlage."

GEBET

Herr Jesus Christus, wenn du mich rufst, möchte ich immer gerne zu dir kommen. In deiner Nähe geht es mir gut.
Danke, dass ich unter deinen Flügeln immer wieder Schutz finde.

BIBELSTELLE

Freut euch mit mir; denn ich habe mein Schaf gefunden, das verloren war. Lukas 15,6b

An einem schönen Sonntagnachmittag machte Martin mit Katharina und den Kindern einen Spaziergang.
Als sie schon eine ganze Weile gegangen waren, kamen sie an einem Hang vorbei, auf der eine Schafherde weidete. Ein Hirte war auch dabei.
Da blieb Martin plötzlich stehen, setzte sich auf einen großen Stein am Wegrand und sagte: „Kommt, setzt euch zu mir. Ich möchte euch was erzählen."
Als alle ein Plätzchen gefunden hatten, meinte der Vater:
„Wisst ihr eigentlich, dass wir Christen wie Schafe sind?"

Hans und Paul machten große Augen. Magdalena und Margarete schüttelten die Köpfe.
„Doch, so ist es", erklärte Martin. „Genauso wenig, wie die Schafe auf sich aufpassen können, schaffen wir es, uns gegen Böses zu schützen. Unsere Kraft reicht dafür nicht aus. Also brauchen wir einen guten Hirten. Das ist Jesus, unser Heiland. Wenn es darauf ankommt, würde ein guter Hirte sogar sterben, um sein Schaf zu retten. Und genau das hat Jesus getan: Er starb am Kreuz, damit die Schafe seiner Herde, nämlich alle, die an ihn glauben, gerettet werden.
Wisst ihr, wenn Jesus mit seinen Jüngern zusammen war, haben sie viel miteinander geredet. Jesus hat oft davon erzählt, wie sehr ihr Vater im Himmel sie liebt.
Für Petrus und Andreas, Johannes und Jakobus und all die anderen Jünger waren Schafherden in der Gegend von Galiläa ein gewohnter Anblick. Deshalb hatte Jesus die Idee, ihnen Gottes Liebe anhand eines Hirten und seiner Schafe zu erklären. Er sagte: ‚Ein Schaf kann sich nicht alleine auf die Weide führen. Es kann sich nicht gegen Gefahren wehren und vor Unglück schützen, denn Schafe sind schwache und hilflose Tiere. Sie brauchen ihren Hirten. Sie sind sehr vertraut mit ihm und kennen seine Stimme ganz genau. Sie folgen ihm gerne. Ein guter und freundlicher Hirte läuft jedem Schaf nach, das sich verlaufen hat. Oder wenn es sich irgendwo in einer Felsspalte oder im Dornenbusch verfangen hat. Er sucht es und ruft es – immer wieder.
Seine Freude ist riesengroß, wenn er es gefunden hat. Dann nimmt er es auf seine Arme und trägt es nach Hause. Er möchte, dass sich alle seine Nachbarn und Freunde mitfreuen.'"
Martin erklärte: „Genauso liebt Gott seine Kinder. Genauso eine große Freude ist im Himmel, wenn ein Mensch, der sich von Gott entfernt hat, wieder zu Hause ist."

Hans meinte: „Vater, wenn ich ein Schaf sein soll, dann aber das da …!" Er zeigte übermütig auf einen Bock mit gewaltigen Hörnern, den stärksten der ganzen Herde.
Der Vater strubbelte ihm lachend durch die Haare.
„Ich pack' dich gleich bei deinen Hörnern, du Schafbock!"

GEBET

Herr Jesus, du bist mein guter Hirte.
Ich darf alles Gute von dir erwarten und alles, was ich brauche,
um selig zu werden und einmal in der Ewigkeit bei dir zu sein.
Du liebst mich 1000 Mal mehr als der beste Hirte seine Schafe liebt.
Das macht mich fröhlich.

BIBELSTELLE

Der Herr ist mein Fels und meine Burg und mein Erretter. 2. Samuel 22,2

Martin liebte Burgen. Die dicken Burgmauern beeindruckten ihn sehr.
Eine bessere Verteidigung gab es nicht.
In der Mauer gab es Öffnungen, durch die der Feind schon früh zu erkennen war und durch die man brennende Teerfackeln auf die Angreifer werfen konnte.
Wenn die Zugbrücke erst einmal hochgezogen wurde, war die Burg von außen nicht mehr zu erreichen. Mit dem Wassergraben drum herum war sie uneinnehmbar.

Besonders gruselig zumute wurde es Martin, wenn er an das Verlies dachte, in dem diejenigen gefangen gehalten wurden, die den Burgherrn geärgert hatten.

In jeder Burg gab es aber auch eine Kapelle, in der täglich gesungen und gebetet wurde: für Gesundheit und Glück aller Menschen im Land und für ein langes Leben und viele Siege für den Burgherrn.

Dass Martin sich mal auf einer Burg verstecken würde, damit seine Feinde ihn nicht finden konnten, hätte er sich früher nie gedacht.

(Wie es dazu kam, ist am Anfang des Buches unter ‚Gut zu wissen' nachzulesen.)

Als er auf der Wartburg Schutz fand, fühlte er sich dort sehr sicher.

Nicht deswegen, weil die Burg so dicke Mauern und einen tiefen Burggraben hatte, sondern weil Gott auf ihn aufpasste.

Weil Martin Freude daran hatte, sich Texte für Lieder auszudenken, schrieb er auch mal ein Burglied. Nämlich darüber, dass Gott wie eine Burg ist. Der Text ging ungefähr so:

Unser Gott ist eine feste Burg.
Er ist eine gute, starke Waffe.
Er hilft uns aus jeder Not, die uns treffen kann.
Der Teufel ist der Feind, der mit großem Ernst gegen Gott kämpft.
Der Teufel ist grausam und handelt listig.
Doch Gott kann ihn mit einem einzigen Wort besiegen.

Natürlich hat sich Martins Lied richtig schön gereimt.
Es macht Spaß, das Lied im Gesangbuch rauszusuchen und mit der ganzen Familie zu singen!

GEBET

Herr Jesus Christus, im Kampf gegen den Teufel
würde ich verlieren, wenn ich dich nicht hätte.
Er will, dass ich den Glauben an dich verliere und dich nicht mehr liebhabe.
Aber ich habe keine Angst, weil du bei mir bist und für mich kämpfst.
Ein Wort von dir und der Feind ist besiegt.
Bei dir bin ich sicher wie auf einer Burg.

BIBELSTELLE

Seht die Vögel unter dem Himmel an: Sie säen nicht, sie ernten nicht, sie sammeln nicht in die Scheunen; und euer himmlischer Vater ernährt sie doch. Seid ihr denn nicht viel mehr als sie?
Matthäus 6,26

Martin ging gerne in der Natur spazieren.
Die Umgebung um Wittenberg herum war herrlich. Raus aus der Stadt und hinein in den Wald!
Martin lief über die Felder und freute sich, dass er endlich mal unbeobachtet war.

Wenn er einen Vogel fliegen sah, sprang er in die Höhe und wollte es am liebsten nachmachen.
Die schlauen Leute, mit denen er oft arbeiten musste, würden ihn bestimmt ausgelacht haben, wenn sie ihn hätten sehen können.
Wenn Martin dann vollkommen aus der Puste war, lehnte er sich an einen Baumstamm und lauschte dem Vogelgezwitscher und ihrem Gesang.

An einem Sonntag kam er von einem solchen Ausflug so glücklich heim, dass er darüber ein Lied schrieb:

Der Frühling zieht so herrlich ein, da singen alle Vögelein.
Himmel und Erde sind ganz voll mit gutem Gesang, der klinget wohl.
Da ist die liebe Nachtigall, macht alles fröhlich überall.
Mit ihrem lieblichen Gesang sagt sie dem Herren gerne Dank.
Dem Schöpfer singt sie Tag und Nacht. Dabei sie gar nichts müde macht.
Den ehrt und lobt auch mein Gesang und sagt ihm ein' ewigen Dank.

Die Vögel waren für Martin ein gutes Vorbild:
Sie danken Gott, dem Schöpfer und sorgen sich um nichts. Sie singen und sind fröhlich. Sie sind nie unzufrieden.
Wenn Gott sich schon über den Gesang der Vögel so sehr freut, wie sehr freut er sich dann erst über ein fröhliches Lied und ein Dankgebet von uns Menschen!

Martin nahm sich vor, an jedem Tag Gott für etwas zu danken.
„Oh, " dachte er, „das wird bestimmt nicht einfach."

Doch als er in Ruhe nachdachte, da fiel ihm vieles ein:
„Herr, ich danke dir für meine Familie: Für meine liebe Katharina, für alle meine Kinder und für meine Eltern. Danke für das schöne Wetter. Ich habe gut geschlafen und werde jeden Tag satt. Danke! Ich brauche nicht zu frieren. Der Gottesdienst heute war so feierlich und fröhlich … Vater im Himmel, ich habe viel zu danken!"

GEBET

Ja, Herr Jesus Christus, auch ich möchte dir danken.
Du versorgst mich, du behütest mich, du schenkst mir meine Familie,
gute Freunde und nette Nachbarn.
Ich bin gesund und kann in die Schule gehen.
Ich danke dir für die Sonne, den Mond, die Sterne und für den Regenbogen.
Danke für alles!

BIBELSTELLE

Denn Gott der Herr ist Sonne und Schild; der Herr gibt Gnade und Ehre. Er wird kein Gutes mangeln lassen den Frommen.
Psalm 84,12

„Vater, nimmst du mich mit unter deinen Mantel? Der ist so schön groß und weit und mir ist so kalt. Wenn sich die Sonne hinter den Wolken versteckt, dann fange ich immer gleich an zu frieren."

Margarete guckte zu Martin hoch und drängte sich an ihn. Er sah zärtlich zu ihr runter und hüllte sie sorgfältig ein.
„Weißt du, Vater, wann ich das letzte Mal auch so gefroren habe?"
Martin schüttelte den Kopf.
„Das war neulich, als du böse auf mich warst, weil ich so heftig an Magdalenas Zöpfen zog. Weißt du noch? Ich war neidisch wegen ihres Armbands, das sie so schön geflochten hatte, wie ich das nie schaffe. Da hast du mich ganz ernst angesehen. Ich dachte, du könntest mich nicht mehr wieder liebhaben. Da wurde mir ganz kalt zumute. Erst als ich mich bei Magdalena entschuldigt hatte, konnte ich wieder ein Leuchten in deinem Gesicht sehen. Da wurde mir wieder warm."
Martin zog Margarete noch ein bisschen dichter in seinen Mantel hinein und sagte: „Ja, ich erinnere mich daran. Weißt du, es gab mal eine Zeit, da ging es mir ähnlich. Ich hatte Kummer, weil viele wichtige Männer wütend auf mich waren. Sie wollten nichts mehr von meinem Glauben an Gott hören. Sie hofften, dass ich endlich bestraft werde und dann ein für alle Mal schweigen würde.
Ich hatte oft Angst und dachte, Gott versteckt sich vor mir und hat mich nicht mehr lieb. Ich konnte gar nicht mehr glauben, dass es in mir irgendwann einmal wieder wie an einem warmen, fröhlichen und hellen Tag aussehen könnte.
Mir war an jedem Tag kalt. Aber dann habe ich gelernt: Gott ist tatsächlich wie die Sonne! Die Sonne bleibt die Sonne! Sie wärmt und scheint auch dann, wenn ich sie nicht sehen kann, weil sie hinter Wolken verborgen ist.
Genauso hat Gott mich auch dann noch lieb und sorgt für mich, wenn es Wolken in meinem Leben gibt und nicht alles glatt läuft. Er ist dann immer noch mein Gott, der mich lieb hat. Ich bekam richtig Sehnsucht danach, wieder Gottes Hilfe zu sehen. Deshalb habe ich begonnen, darum zu beten. Ich habe die Hoffnung nicht aufgegeben und weiter gebetet.

Da hörte Gott mein Gebet und machte mich wieder fröhlich. Er schickte mir Freunde, die mir halfen. Da war ich mir sicher, dass Gott an mich denkt und immer noch auf meiner Seite ist. Glaub mir, Margarete, da wurde es in mir so warm und hell, dass ich lauter Lieder gesungen habe." Warm eingehüllt gingen die Beiden nach Hause.

GEBET

Herr Jesus Christus, ich danke dir, dass du immer an meiner Seite bist und nur das Beste für mich willst.
Hilf mir, auch dann zu dir zu beten und weiter auf deine Hilfe zu hoffen, wenn ich Probleme habe oder in Schwierigkeiten bin.
Du bist ein starker Helfer. Einen besseren Freund kann ich nicht finden.
Deine Liebe ist wie die Sonne. Sie ist immer und überall da.

BIBELSTELLE

Ihr seid alle durch den Glauben Gottes Kinder in Christus Jesus.

Galater 3,26

Martin und Katharina gingen mit ihren Kindern vom Gottesdienst nach Hause. Die Eltern unterhielten sich über die gehörte Predigt.
Der kleine Martin sagte gerade: „Hans, hast du gesehen, wie der Meister Lehmann einfach so beim Gottesdienst eingeschlafen ist?"
Er grinste breit: „Als die Orgel einsetzte, hat er sich ordentlich erschreckt. Wie schnell der wieder kerzengerade saß …!"

Hans hatte seinem Bruder aufmerksam zugehört.
Mittlerweile waren sie aus den engen Gassen mit den schiefen und krummen Fachwerkhäusern der Stadt Wittenberg herausgekommen und liefen zwischen den Feldern hindurch.
In der Ferne war schon das Schwarze Kloster zu sehen, wie das große Haus genannt wurde, in dem die Luther-Familie lebte.
Hans fragte seinen Bruder: „Weißt du, Martin, warum der Meister Lehmann so müde war?"
„Nö, keine Ahnung."
„Ich kann es dir sagen. Er hat eine kranke Tochter, an deren Bett er die ganze Nacht saß. Das hat er mir erzählt, bevor er in die Kirche hinein ging. Er hat eine Kerze vor dem Altar angezündet und für sein Kind gebetet."

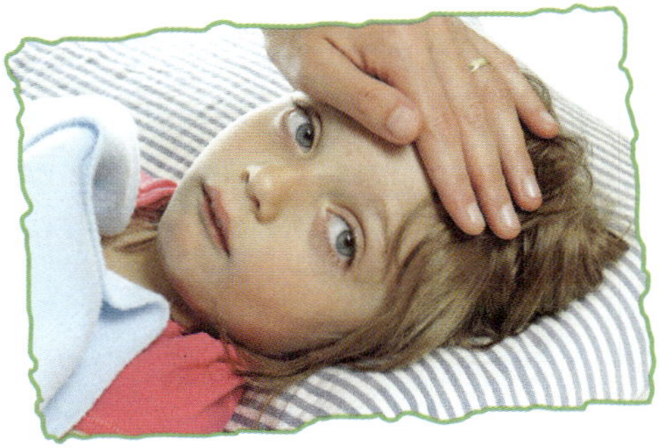

„Oh, das wusste ich nicht." Martin hatte Mitgefühl. „Dann werde ich heute Abend auch für die Beiden beten."
Der große Bruder legte dem Jüngeren eine Hand auf die Schulter.
„Das ist eine gute Idee! Und ich werde für unsere Nachbarin beten. Die konnte heute nicht zur Kirche kommen, weil sie schon lange an einem schrecklichen Husten leidet und kaum noch das Bett verlässt."
Da drehte sich Margarete um, die zugehört hatte: „Und ich werde für die Bäckersfrau beten. Sie war heute auch nicht da, weil sie sich gestern am Ofen verbrannte. Nun kann sie gar nicht mehr in der Backstube mithelfen."
Auch Magdalena konnte etwas beitragen: „Habt ihr von dem Diebstahl im Mühlenhaus gehört? Die Ersparnisse für die Hochzeitsfeier im Sommer sind geklaut worden. Das verlobte Paar war heute auch im Gottesdienst.

Ich habe noch mit ihnen gesprochen und meine Hilfe angeboten. Die sollen doch auch ohne viel Geld ein schönes Fest haben."
Die Eltern hatten ihren Kindern interessiert zugehört.
Vater Martin sagte: „Ich freue mich, dass ihr Anteil nehmt am Leben unserer Glaubensgeschwister! Die Gemeinde ist für uns Christen wie eine Familie. Lauter Brüder und Schwestern, die mit uns zusammen auf dem Weg zu Gott sind. Deswegen ist es gut und richtig, wenn wir voneinander wissen und uns umeinander kümmern. Lasst uns heute Abend gemeinsam für alle diese Menschen beten und morgen teilen wir uns auf und besuchen jeden von ihnen. Was haltet ihr davon?"

GEBET

Herr Jesus Christus, ich danke dir für die Menschen aus meiner Gemeinde.
Ich merke, dass sie mich gerne haben und sich freuen, wenn ich da bin.
Hilf mir dabei, deine Liebe in die Gemeinde zu tragen,
weil wir zusammengehören.

BIBELSTELLE

Die auf den Herrn harren, kriegen neue Kraft, dass sie auffahren mit Flügeln wie Adler, dass sie laufen und nicht matt werden, dass sie wandeln und nicht müde werden. Jesaja 40,31

„Martin", sagte Katharina beim Mittagessen zu ihrem Mann. „Wollen wir beide heute mal ganz alleine in der Mittagspause spazieren gehen?"

Martin nickte mit vollem Mund und freute sich.
Gleich nach dem Essen marschierten sie los.
„Ich denke, die Luft wird dir gut tun. Du siehst in der letzten Zeit blass und müde aus."
„Da hast du Recht, Katharina, manchmal wünschte ich mir, wie ein Vogel fliegen zu können, so unbeschwert und leicht. Aber dann kommen die Sorgen und drücken mich nieder."
Katharina nahm Martins Hand.
„Schau nur, Martin! Den hat Gott dir geschickt!"
Sie zeigte auf einen Adler, der über den Feldern seine Kreise zog.
„Denk dran, dass Gott auch dir versprochen hat, neue Kraft zu geben, wenn du ihm vertraust und auf seine Hilfe wartest. Auch du wirst dich wieder stark fühlen und hoch fliegen mit Flügeln wie ein Adler."
Martin sah Katharina liebevoll an. „Was bist du doch für eine gute Seelsorgerin! Du hast schon Recht: Das Vertrauen darauf, dass Gott hilft, das ist das Wichtigste. Aber das fällt manchmal so unendlich schwer."

Katharina folgte dem Adler mit ihren Blicken.
„Es macht richtig Spaß, ihm zuzugucken. Er überlässt sich ganz der Kraft des Windes, wenn er am Berghang hochsteigen will. Er kann auf diese Weise höher steigen als jeder andere Vogel. Kraftvoll, aber mit einer großen Ruhe."
Sie drehte sich zu Martin um.
„Du hast mir erst vor ein paar Tagen erklärt, dass der Heilige Geist in der Bibel auch Wind genannt wird. Also wirf dich in diesen Wind hinein wie dieser Adler und vertraue auf Gottes Hilfe."

„Ach, Katharina", Martin ließ den Kopf hängen, „im Moment fühle ich mich, als könnte ich noch nicht mal ordentlich zu Fuß gehen."

Katharina nahm Martins Kinn in die Hand und drehte sein Gesicht zu ihr hin. „Dann ist es ja gut, dass du das gar nicht aus eigener Kraft schaffen musst.

Es ist doch gar nicht deine Leistung. Gott schickt dir die Not, damit du betest und nach ihm rufst. Dein Glaube wird durch eine solche Zeit stark werden, wie ein Adler. Das ist Gottes Geschenk an dich."

Martin sah seine Frau dankbar an.

„Du findest immer die richtigen Worte für mich. Ich danke dir."

Er stand auf und zog Katharina hoch. Als sie vor ihm stand, merkte er mal wieder, wie gut sie ihn verstand. Froh umarmte er sie.

Hand in Hand gingen die Beiden gar nicht mehr so mutlos wieder nach Hause.

GEBET

Herr Jesus Christus, auch ich bin manchmal traurig und weiß nicht weiter. Dann brauche ich deine Unterstützung und deinen Rat.

Danke, dass du mir meine Familie gegeben hast, die mich unterstützt und mit mir betet. Hilf mir dabei, dir immer zu vertrauen. Ich danke dir, dass du mich immer hörst.

BIBELSTELLE

Scharf sind deine Pfeile, dass die Völker vor dir fallen. Psalm 45,6a

Martin saß an seinem Schreibtisch und schrieb einen Brief an den Fürsten Friedrich.

Es war ein wichtiger Brief, denn er wollte sich beim Fürsten für die Geschenke bedanken, die er immer wieder ins schwarze Kloster schickte. Die waren so wertvoll und so zahlreich, dass es Martin und Katharina schwer fiel, sie anzunehmen.

Es war gar nicht so einfach, die richtigen Worte für einen Fürsten zu finden.

Von draußen hörte Martin seinen Sohn Hans rufen: „Lippus, mein Pfeil fliegt viel weiter als deiner!"

Lippus war Hans' Freund und verbrachte heute den Nachmittag bei Familie Luther. Ihr Spielplatz war der große Klosterhof. Da tummelten sie sich mit ihren Steckenpferden und schossen mit Armbrüsten, lärmten mit Pfeifen und Trommeln und sprangen dabei über den Hof, dass es eine Freude war zuzusehen.

Martin ließ sich eine Zeit lang von dem bunten Treiben ablenken.

Dann dachte er wieder an Friedrich. Der hätte an den beiden Jungs seine Freude gehabt, denn auch er liebte es, mit der Armbrust zu schießen.

Allerdings, um damit Tiere zu erlegen. Hans und Lippus wollten keine Tiere töten.

Es genügte ihnen vollkommen, einen Wettstreit daraus zu machen, wessen Pfeil am weitesten flog.

Martin rieb sich die Schläfen. Vom vielen Nachdenken tat ihm der Kopf weh. Er wünschte sich auch manchmal einen Pfeil. Aber einen, den er sonntags auf der Kanzel der Gemeinde zeigen wollte. Sie sollten merken, dass Gottes Wort genau das ist: ein Pfeil. Gottes Wort ist der Pfeil.

Er trifft genau dahin, wo sich jemand von Gott abwendet.
Martin dachte: ‚Eine Predigt darf nicht langweilig sein, auch nicht kalt oder schwer zu verstehen. Sonst erreicht sie nichts Gutes. Die Predigt soll helfen, die eigenen Sünden zu erkennen. Und sie soll von Jesus erzählen und wie lieb Gott die Menschen hat. Denn das ist das Besondere an Gottes Wort: Wo Menschen ihre Sünden zu Gott bringen, da heilt es, was die Sünde kaputt gemacht hat.‘

GEBET

Lieber Herr Jesus Christus, danke, dass dein Wort so kräftig ist,
dass es Menschen dabei hilft, mit dir zu leben.
Danke für unseren Pastor, der für uns predigt.
Hilf, dass alle, die es hören, dir nachfolgen wollen.

BIBELSTELLE

Gott, du hast mich von Jugend auf gelehrt, und noch jetzt verkündige ich deine Wunder. Auch im Alter, Gott, verlass mich nicht, und wenn ich grau werde. Psalm 71,17 und 18a

Martin bekam Besuch von seinem Bruder Jakob. Als er ihn im Hof ankommen sah, lief er eilig die Stufen hinunter und rannte seinem Bruder entgegen.
Lange hatten sie sich nicht gesehen und umarmten sich.
„Herzlich willkommen, Jakob. Wie war die Reise?“

Jakob machte ein ernstes Gesicht.

„Martin, ich komme mit keiner guten Nachricht: Mutter ist schwer krank! Der Arzt meint, sie werde nicht wieder gesund."

Martin war blass geworden.

„Dann will ich gleich morgen losfahren und sie besuchen."

Er schlug sich an die Stirn. „Ich kann ja gar nicht weg, weil der Kaiser noch in dieser Woche auf mich wartet. Was soll ich nur tun?"

Martin war der älteste Sohn seiner Mutter.

Sie war für Martin immer ein Vorbild gewesen, denn sie betete gerne und oft. Sie hatte ihre Kinder und Enkelkinder sehr lieb. Sie machte sich viele Gedanken über Gott und sprach mit Martin darüber.

Und nun brauchte sie ihn und er wäre so gerne bei ihr.

Jakob antwortete: „Ich werde so schnell es geht wieder zu ihr fahren, auch wenn es eine anstrengende und lange Reise ist. Schreib ihr einen Brief, den nehme ich dann mit."

So setzte sich Martin am Abend an seinen Schreibtisch und schrieb diesen Brief an seine kranke Mutter:

Meine herzliebe Mutter!

Jakob hat mir von deiner Erkrankung berichtet.

Es tut mir so leid, dass ich nicht bei dir sein kann. Ich wäre so gerne bei dir! Sieh diesen Brief so an, als würde ich direkt neben dir stehen.

In Gedanken bin ich dir ganz nah.

Ich hoffe, dass du immer Menschen um dich hast, die dich aufmuntern.

Gott hat es so gewollt, dass du meine Mutter bist und ich dein Sohn bin.

Deshalb möchte ich dich trösten.

Liebe Mutter, Gott schickt dir die Krankheit, um dich näher zu sich zu ziehen. Vergiss nie, dass Jesus Christus dich nie verlassen wird, denn er ist dein Heiland.

Deshalb kannst du auch in Traurigkeit Gott danken.

Mit solchen Gedanken beschäftige dich, liebe Mutter.

Denn die Barmherzigkeit und Güte unseres himmlischen Vaters soll dich fröhlich machen.

Du hast das Evangelium, die Taufe und das Abendmahl – deswegen wird es dir gut gehen.

Gott schenke dir einen festen, fröhlichen und dankbaren Glauben, damit du die Not überwinden und erfahren darfst, dass Christus auch zu dir sagt: „Ich verlasse dich nie."

Ich selber, meine liebe Katharina und alle Kinder beten für dich.

Die kleine Margarete fragte fassungslos: „Großmutter ist krank?!?"

Und Magdalena weinte, als sie davon hörte.

Du siehst, liebe Mutter, wir alle denken an dich und haben dich lieb.

Dein lieber Sohn Martin Luther

GEBET

Herr Jesus Christus, ich danke dir für meine Eltern und Großeltern und dass sie mich lieb haben. Gib ihnen Gesundheit und schenke ihnen das ewige Leben.

BIBELSTELLE

Ein fröhliches Herz macht ein fröhliches Angesicht. Sprüche 15,13a

Es war still im schwarzen Kloster. Alles schlief. Nur Martin und Katharina saßen bei Kerzenschein am Esstisch. Sie hielten sich an den Händen, beide schwiegen.

Sie hatten eine traurige Nachricht erhalten: Martins Schwester und ihr Mann waren beide kurz nacheinander gestorben.

In den kommenden Wochen würden deren fünf Kinder zu ihnen nach Wittenberg ziehen.

Es würde nicht einfach für Martin und Katharina werden, fünf elternlosen Kindern Vater und Mutter zu ersetzen.

Cyriak, der älteste Neffe, war schon groß und würde bald anfangen zu studieren. Alle Geschwister, auch die Brüder Fabian und Andreas und die Schwestern Lene und Else, vermissten ihre Eltern sehr.

„Martin", sagte Katharina, „welches Kind welches Zimmer bekommt und wie alle satt werden, die bald an unserem Tisch sitzen werden, das wird

sich mit Gottes Hilfe lösen lassen. Darum brauchen wir uns keine Sorgen zu machen. Aber eins müssen wir bedenken: Wenn die Fünf hier sind, ist es wichtig, dass wir sie fröhlich machen. Wir werden in der kommenden Zeit viel singen und miteinander reden. Denn bei traurigen Gedanken muss ein schönes Lied gesungen und ein freundliches Gespräch geführt werden. Wir beide wissen doch: Alles Schwere, was Gott schickt, ist dazu da, auf Gottes Schoß zu klettern und sich von ihm umarmen zu lassen."

Martin nickte zustimmend. „Gerade jetzt wollen wir mit den Kindern zusammen an jedem Tag Gott danken. Er will doch, dass wir dankbar sind. Sonst hätte er uns nicht die Sonne, den Mond und so vieles Schöne auf der Erde geschenkt. Es ist dem lieben Gott sehr recht, wenn wir alle auch mal aus Herzensgrund lachen. Soviel Glauben wir haben, soviel Lachen haben wir! Das wollen wir den Kindern vorleben!"

Katharina lächelte: „Es wird für uns alle keine leichte Zeit werden. Aber das macht nichts. Auch wenn wir nicht immer laut singend und fröhlich springend durch unseren Alltag ziehen, so können unsere Herzen doch von stiller Freude erfüllt sein. Wir wollen voller Vertrauen und mit unbeschwertem Herzen wie ein Kind vor unseren himmlischen Vater treten. Er wird uns alles schenken, was wir brauchen. Er wird die Kinder trösten."

Martin und Katharina beteten noch zusammen und gingen dann auch bald schlafen.

GEBET

Herr Jesus Christus, danke, dass du mir Eltern gegeben hast,
die mich liebhaben und die für mich sorgen.
Sei bitte bei allen Kindern, die keinen Vater und keine Mutter mehr haben.
Tröste sie, wenn sie sich einsam fühlen und schenke, dass es immer
Menschen gibt, die gerne mit ihnen spielen und reden, beten und singen.
Sei du ihr bester Freund, so wie du es in der Bibel versprochen hast.

BIBELSTELLE

Ich liege und schlafe ganz mit Frieden; denn allein du, Herr, hilfst mir, dass ich sicher wohne. Psalm 4,9

Draußen war es schon dunkel, als sich die Familie Luther im Wohnzimmer versammelte, um miteinander die Abendandacht zu halten.
Nachdem ein Psalm vorgelesen worden war, lernte Martin zusammen mit seinen Kindern ein Stückchen aus dem Kleinen Katechismus.
Heute war Hans mit dem 1.Gebot dran. Laut und deutlich sagte er: „Ich bin der Herr, dein Gott. Du sollst keine anderen Götter neben mir haben. Was bedeutet das? Wir sollen Gott über alle Dinge fürchten, lieben und vertrauen."
Bevor Martin was dazu sagen konnte, rutschte Margarete schnell vom Stuhl runter und sagte aufgeregt: „Ich möchte mir ein Lied wünschen! Das hat mir Vaters Freund Philipp beigebracht!"
Dann sang sie mit fröhlicher Stimme:

„Heut singt die liebe Christenheit
Gott Lob und Preis in Ewigkeit
und dankt ihm für seine Güte,
dass er die liebe Engelschar
erschaffen hat, die immerdar
uns pflegen und behüten."

Danach knieten sie sich zum Gebet hin. Martin machte ein Kreuzzeichen über seiner Familie und sagte: „Wir wollen gemeinsam den Abendsegen beten:
„Ich danke dir, mein himmlischer Vater, durch Jesus Christus, deinen lieben Sohn, dass du mich an diesem Tag so gnädig behütet hast und bitte

dich, du wollest mir vergeben alle meine Sünde, wo ich Unrecht getan habe. Und mich diese Nacht gnädig behüten. Denn ich befehle mich, meinen Leib und Seele und alles in deine Hände. Dein heiliger Engel sei mit mir, dass der böse Feind keine Macht an mir finde. A ....“

„Vater?“, fragte Paul in das Amen hinein. Die anderen schauten irritiert.
„Darf ich auch noch was beten?“
Martin nickte zustimmend und Paul faltete wieder die Hände:
„Lieber Vater im Himmel, bitte behüte unsere Kirche und behüte unser Land. Lass mich bitte gleich so gut schlafen wie Margarete, wenn sie auf Mutters Schoß einschläft. Viele Menschen beten zu dir. Aber ich hoffe, dass du meine Stimme erkennst und mich hörst. Du lässt mich nicht allein. Das ist gut, denn ich brauche deine Hilfe. In der Schule, weil mir das Lernen schwer fällt und auch hier zu Hause, weil ich ganz schön oft anfange zu streiten. Behüte alle, die ich lieb habe. Amen.“ „Amen.“, sagten alle und Martin sprach den Segen:
„Es segne und behüte uns Gott, der Allmächtige und Barmherzige, der Vater, der Sohn und der Heilige Geist. Amen.“ Dann sah er Paul an und legte ihm die Hand auf die Schulter: „Und nun flugs und fröhlich geschlafen!“

GEBET

Herr Jesus Christus, schicke deinen heiligen Engel bitte auch zu mir,
damit der böse Feind an mir keine Macht findet.
Bei dir bin ich geborgen.
Danke, lieber Heiland!

BIBELSTELLE

Das habe ich mit euch geredet, damit ihr in mir Frieden habt. In der Welt habt ihr Angst, aber seid getrost, ich habe die Welt überwunden. Johannes 16,33

Martin war dabei, seine Tasche zu packen, denn er wollte in die Stadt Coburg reisen. Er freute sich, dass sein Neffe Cyriak ihn begleitete.

Cyriak studierte Theologie in Wittenberg. Auch er freute sich darauf, mit seinem Onkel unterwegs zu sein. Diese Reise war für ihn eine willkommene Ablenkung vom Lernen. Er würde viele wichtige Leute kennenlernen, die Martin in Coburg treffen wollten. Er war ein bisschen aufgeregt. Sogar der Kaiser würde in der Nähe sein!

Allerdings merkte Cyriak, dass Martins Gesicht sehr ernst wurde, wenn man auf den Kaiser zu sprechen kam. Immerhin hatte dieser mächtige Mann dafür gesorgt, dass jeder, der wollte, Martin gefangen nehmen durfte.

Jetzt erklärte er Cyriak: „Alles, was die Menschen wissen müssen, um zum Vater im Himmel zu kommen, das steht in der Bibel. Aber der Kaiser sieht das anders und will nicht, dass ich immer wieder davon rede. Ich habe keine Angst vor ihm. Weil ich mich auf Jesus verlasse, weiß ich, dass der Kaiser nur eine kleine Macht hat. Aber Gottes Macht ist groß! Der Kaiser will, dass ich ängstlich und traurig bin. Aber Jesus

hat alles besiegt, was mir Angst machen könnte. Jesus ist mein Herr und mein Gott. Mit ihm verglichen ist die Macht des Kaisers wie eine kleine

Wasserblase, wie ein Strohhalm, wie trockenes Gras. Ich habe den stärksten Freund an meiner Seite."

Auf der Rückreise fragte Cyriak seinen Onkel: „Meinst du, dass irgendwann wieder Friede zwischen dem Kaiser und dir sein wird?"

„Oh ja, das glaube ich ganz fest.", antwortete Martin. „Und wenn es so weit ist, dann wird mir vor lauter Freude ein Stückchen Brot wie Zucker schmecken und ein Schluck Wasser wie Wein!"

Martin klatschte fröhlich in die Hände. „Bald werden wir zu Hause sein. Ich freue mich schon auf Katharina und die Kinder."

Da hatte Cyriak eine gute Idee. „Lass uns in der schönen Stadt Nürnberg eine Pause machen. Dort kaufen wir für die Kinder echte Nürnberger Spezialitäten: lauter leckere Lebkuchen! Wie die sich freuen werden!"

Martin war sofort einverstanden: „Und Katharina bekommt ein großes Herz!"

GEBET

Herr Jesus Christus, danke für dein Wort.
Es stehen so viele spannende und schöne Geschichten in der Bibel.
Danke, dass du durch die Bibel zu mir sprichst.
Hilf mir dabei, dein Wort lieb zu haben und gerne darin zu lesen.
Ich möchte dich immer besser kennen lernen.
Hilf mir bitte dabei.

BIBELSTELLE

Und siehe, eine Frau war in der Stadt, die war eine Sünderin. Als die vernahm, dass Jesus zu Tisch saß im Haus des Pharisäers, brachte sie ein Glas mit Salböl und trat von hinten zu seinen Füßen, weinte und fing an, seine Füße mit Tränen zu benetzen und mit den Haaren ihres Hauptes zu trocknen, und küsste seine Füße und salbte sie mit Salböl. Lukas 7,37 und 38

„Vater", fragte Margarete, nachdem Martin diese Geschichte bei der Andacht vorgelesen hatte, „warum hat die Frau Jesus so lieb gehabt?"
Martin überlegte. „Vielleicht ist die Frau vorher schon mal Jesus begegnet. Oder sie hat von ihm gehört. Jedenfalls hat sie Jesus ganz anders als andere Männer erlebt. Andere nutzten sie aus und verachteten sie zugleich. Jesus sieht sie mit anderen Augen an. Das muss die Frau gespürt haben. Deshalb hat sie Jesus lieb gewonnen."
Margarete verstand das immer noch nicht so ganz. „Warum hat sie denn aber so viel geweint? Sie muss doch gemerkt haben, dass sie die Männer in dem Raum damit genervt hat."
Jetzt schaltete sich Katharina ein. „Weißt du, Margarete, diese Frau wusste, dass sie eine Sünderin ist und dass sie viel falsch gemacht hatte. Sie wusste aber auch, dass Jesus ihr die Sünden vergeben wollte. Das hat sie so mit Liebe zu Jesus angefüllt, dass sie ohne Rücksicht auf das, was die anderen dachten, ihren Gefühlen freien Lauf ließ. Ihre Tränen zeigten, wie traurig sie über ihr bisheriges Leben war. Auf diese Liebe antwortete Jesus. Er sah die Frau offen an und bestätigte ihr: "Deine Sünden sind dir vergeben. Dein Glaube hat dir geholfen. Sündige jetzt nicht mehr. Geh in Frieden!"
Margaretes Gedanken gingen noch weiter. „Ist Gott denn auch genervt, wenn man weint? Paul sagt oft ‚Heulsuse' zu mir."

Der Bruder rutschte verlegen auf dem Stuhl hin und her.
Martin konnte seine Tochter beruhigen. „Nein, Gott ist nie genervt, wenn wir weinen. Ihm ist jede einzelne Träne so wichtig, dass er sich einen Krug nimmt und sie alle darin auffängt und zählt."
„Hat Gott denn nichts anderes zu tun?", fragte Margarete erstaunt. „Er will doch die Welt lenken und sich den Lobpreis der Engel anhören!"
Martin nickte zustimmend. „Ja, das gehört auch zu seinen Aufgaben. Aber trotzdem ist es auch Gottes besonderes Anliegen, alle Tränen zu zählen. Deine, meine und auch die von der Frau, von der wir in der Andacht hörten. Kaum zu glauben, oder? Er will sie nicht nur zählen, er will sie auch abwischen und uns trösten, wie einen seine Mutter tröstet."
„Das ist schön", meinte Margarete zufrieden und kletterte zum Beten auf Katharinas Schoß.

GEBET

Herr Jesus Christus, du weißt es ganz genau,
wenn ich weine und willst mich gerne trösten.
Du verstehst jeden Kummer, den ich habe.
Wenn ich wegen meiner Sünden traurig bin, dann lass mich bald wieder froh werden, weil du mir alles vergibst, wenn ich mit meiner Schuld zu dir komme.

BIBELSTELLE

Da erhob sich der Engel Gottes, der vor dem Heer Israels herzog, und stellte sich hinter sie. Und die Wolkensäule vor ihnen erhob sich und trat hinter sie und kam zwischen das Heer der Ägypter und das Heer Israels. 2. Mose 14,19 und 20a

Katharina stand mit Magdalena an der Hand am Rand des Wittenberger Marktplatzes. Sie hielt sie fest an der Hand und atmete tief durch.
Was war das doch für ein Durcheinander!

Die Händler liefen mit ihren Schubkarren und Körben kreuz und quer über den Platz. Einzelne Reiter trabten unbekümmert mitten hindurch. Kutschen, in denen die reichen Menschen saßen, die es nicht nötig hatten, selbst auf den Markt zu gehen, fuhren eilig vorüber.
„Bleib immer dicht bei mir", sagte Katharina und führte Magdalena sicher weiter, wenn sie sah, dass der Weg frei war. Manchmal legte sie ihre Hand auch auf Magdalenas Rücken und dirigierte sie so durch das Getümmel.
Als sie heile an dem Stand mit den bunten Stoffen, den hübschen Borten und dem Nähgarn angekommen waren, grinste Magdalena ihre Mutter breit an. „Weißt du was, Mutter? So ungefähr müssen sich die Israeliten gefühlt haben, als Gott sie durch das Rote Meer führte."
Katharina legte die Stoffrolle zur Seite und hob fragend die Augenbrauen.
„Doch, doch", beteuerte Magdalena. „Ich hätte durch dieses Gewühl nicht alleine hindurch gefunden. Aber mit deiner Hand wusste ich, wohin ich zu gehen hatte. Das Volk Israel fühlte sich auch ganz sicher: mit der Wolkensäule im Rücken, die ihnen die ganze Nacht Licht gab … da

hatten sie gar keinen Zweifel mehr, dass das mit den blöden Ägyptern gut gehen würde."

Später, am Mittagstisch, erzählte sie auch Martin davon.

„Vater, eigentlich hatten die Israeliten es leicht, an Gott zu glauben. Es war so deutlich zu sehen, dass er ihnen half. Ich will ja auch immer darauf vertrauen, dass Gott mir hilft. Aber er tut es oft so still und verborgen, dass ich ihn kaum erkennen kann."

Martin legte den Löffel zur Seite. „Da hast du etwas sehr Wichtiges erkannt, Magdalena. Wir können nur dann erkennen, wie Gott für uns sorgt, wenn wir an ihn glauben. Wir brauchen nicht angestrengt darüber nachzudenken. Denn wir können ihn einfach nicht begreifen. Sieh dir Jesus an: Hättest du gedacht, dass so ein armes, kleines Baby, das in einem Stall geboren wird, Tod und Teufel überwindet und uns den Himmel aufschließt? So etwas kann nur der Glaube verstehen."

GEBET

Herr Jesus Christus, ich weiß, dass du für mich sorgst.
Du schickst mir Menschen, die mir helfen: Den Arzt, der mich gesund macht, einen Freund, der mir zuhört oder meine Familie, die für mich da ist.
Auch durch ein Wort aus der Bibel gibst du mir Tipps und Ratschläge.
Für das alles danke ich dir.

BIBELSTELLE

Ich rief zu dem Herrn in meiner Angst und er antwortete mir.
Alle deine Wogen und Wellen gingen über mich.
Wasser umgaben mich und gingen mir ans Leben.
Jona 2,3a und 4b und 6a

Nach dem Frühstück machte sich die ganze Familie Luther auf den Weg zu einem Ausflug an die Elbe.
Mehrere Picknickkörbe voller Leckereien wurden gepackt. Ein paar Decken und Spielzeug kamen noch dazu und los ging es.
Glücklicherweise brauchten sie nicht lange zu laufen.
Als das Wasser in Sicht kam, rannte Margarete voll Freude voraus. Sie zog sich ihre Schuhe und Strümpfe aus und watete barfuß im Wasser. Lachend beobachtete sie die glitzernden Wassertropfen, die sie in die Luft spritzte.
Paul und Hans breiteten die Decken an einem schönen Plätzchen aus.
Die Eltern setzten sich darauf und genossen die Sonne. Katharina lehnte ihren Kopf an Martins Schulter. Sie machte die Augen zu und döste vor sich hin.
Plötzlich hörten sie Hilferufe. Die Mutter sprang auf und rannte zum Fluss. „Was ist los?“
Hans zeigte mit erschrockenem Gesicht aufs Wasser.
In der Mitte konnten sie Margaretes Kleid sehen. Ab und an kam ihre Hand an die Oberfläche.
„Ich habe aus Versehen meinen Stoffball in die Elbe geworfen“, stammelte Hans. „Margarete wollte ihn unbedingt holen. Aber sie kann doch gar nicht schwimmen … und ich auch nicht.“, fügte er leise hinzu.
Mittlerweile hatte Martin schon seine Kleidung abgeworfen und war ins Wasser gesprungen. Er schwamm zu seiner Tochter. Mit festem Griff

fasste er in die Tiefe und konnte Stoff und Haare fühlen. Kräftig zog er sein Kind nach oben und prüfte, ob sie atmete.
Ein Stoßgebet stieg zum Himmel. Sie lebte!
Das nasse Kleid war so schwer, dass auch der Vater Probleme hatte, Margarete an der Wasseroberfläche zu halten. Mit großer Anstrengung kämpfte er sich zurück.
Hans und Martin, seine beiden Großen, hatten Bretter eines zerfallenen Bootes gefunden. Sie standen bis zur Brust im Wasser und schoben ein solches Brett in Vaters Richtung, damit er sich festhalten konnte. Mit vereinten Kräften gelang es ihnen, Vater und Schwester ans Ufer zu ziehen.
Katharina wickelte Margarete sofort in eine Decke, auch Martin bekam eine. Dann dankte die ganze Familie erst einmal dem himmlischen Vater dafür, dass alles gut ausgegangen war.
Später, als Martin und Margarete mit heißen Tassen und gut eingewickelt zu Hause am warmen Kachelofen saßen, sagte er zu seiner Familie:
„Morgen muss ich euch davon erzählen, an was ich alles dachte, als ich mit der Strömung kämpfte."
Und schon schlürfte er den nächsten heißen Schluck, der ihn wohltuend von innen wärmte.

GEBET

Herr Jesus Christus, danke dass du Menschen in Not immer wieder hilfst.
Bitte behüte auch mich auf allen meinen Wegen.
Ob ich zu Hause bin oder draußen spiele, ob alleine oder mit anderen Kindern, sei du immer bei mir.

BIBELSTELLE

Du lässest mich erfahren viele und große Angst und machst mich wieder lebendig und holst mich wieder herauf aus den Tiefen der Erde. Psalm 71,20

Am anderen Morgen konnten die Kinder es nicht abwarten. Sie kamen schon vor dem Frühstück ins Schlafzimmer der Eltern und kuschelten sich bei Vater und Mutter unter die Decke. Die Größeren setzten sich ans Fußende.

„Vater, nun mach dein Versprechen wahr!", forderte Hans auf. „Woran hast du gedacht, als du gestern in der Elbe schwammst?"

Martin war noch ganz verschlafen und reckte sich.

„Ihr seid doch ein paar Quälgeister. Uns so früh zu wecken!"

Er setzte sich auf und stopfte sich ein Kissen in den Rücken.

„Na gut, dann hört zu: Zuerst dachte ich immer nur: ‚Gott, hilf!' Dann dachte ich: ‚Wenn ich doch ein Boot hätte, in das ich Margarete legen könnte.' Dann wäre mir der anstrengende Rückweg erspart geblieben. Die Strömung war so stark und die Kleidung zog uns runter … Als ihr uns das Brett entgegengehalten habt, fühlte ich Hoffnung in mir aufsteigen. Ich dachte: ‚Wir können es doch noch schaffen!' Dann griff ich nach dem Brett … und es glitt mir aus den Händen. Ich sackte in die Tiefe, mitsamt Margarete. Nase und Mund … alles voller Wasser. Aber ich verzweifelte nicht. Ich streckte noch einmal die Hand aus, ohne was erkennen zu können. Irgendwann spürte ich das Brett wieder und konnte uns hochziehen. Als ich Margarete aufs Brett hob, knackte es und ein großes Stück brach ab. Sie

versank wieder, ohnmächtig wie sie war. Genau in diesem Moment ging mein Blick zum Himmel und ich dachte: ‚So wie der Himmel, so ist Gottes Barmherzigkeit. Sie bleibt auch immer über uns. Unter diesem Dach sind wir sicher, wo auch immer wir sind. Auch hier im Wasser, während uns Gefahr droht.' Noch einmal streckte ich mich nach dem Brett aus. Endlich gelang es, Margarete draufzulegen. Da fiel mir ein, dass ich mich manchmal, wenn ich sündige, auch so fühle, als würde ich versinken. Aber dann strecke ich mich nach Gottes Gnade aus, wie nach diesem Brett oder wie nach dem Himmel: Der steht immer offen, denn Gottes Gnade wartet darauf, dass ich komme – mit meinen Sünden. Wenn ich auch mal ausrutsche und etwas tue, was Gott traurig macht, dann kehre ich wieder um zu Gott. Wenn ich ihm einmal nicht genügend vertraut habe, dann mache ich bald einen neuen Anfang und gehe wieder hin zu Gott, klettere auf seinen Schoß und erhoffe von ihm alles! Er ist wie das Brett, nach dem ich im Fluss immer wieder gegriffen habe, um gerettet zu werden! Nur, dass Gott nicht zerbricht und nicht untergeht. Als ich das alles gedacht hatte, da habt ihr uns ans Ufer gezogen."
„Vater", fragte Paul, „so viel kannst du in so kurzer Zeit denken?"

GEBET

Herr Jesus Christus, du kennst mich gut. Du kennst auch alle meine Gedanken. Gib mir gute Gedanken – Gedanken, die mich fröhlich machen, Gedanken, die mir bei Problemen weiter helfen, Gedanken an dich und Gedanken, die mich motivieren, das Richtige zu tun. Gib mir dazu deinen Heiligen Geist.

BIBELSTELLE

Kinder sind eine Gabe des Herrn. Psalm 127,3a

Katharina schmierte Schulbrote, während ihre Kinder um sie herum saßen und frühstückten. Alle redeten durcheinander und lächelnd hörte die Mutter zu, was gerade jeder auf dem Herzen hatte. So manchen guten Rat gab sie mit auf den Weg. Es dauerte gar nicht lange, da wurden die Stühle zurückgeschoben, die Pausenbrote verstaut und los ging's.
Katharina fühlte noch Margaretes Kuss auf der Wange, als der Vater herein kam und sich neben sie stellte. Nun winkten sie beide.
„Wir können wirklich glücklich sein, dass wir so großartige Kinder haben", sagte Martin und legte den Arm um Katharina.
„Wenn ich mit ihnen zusammen bin, lenkt mich das von meinen Sorgen ab. Jedes Einzelne von ihnen gibt mir so viel wie ein ganzes Königreich."
Die Mutter schmunzelte. „Na, jetzt übertreibst du aber ein wenig. Aber du hast auch ein bisschen Recht. Trotzdem, vergiss nicht: Die Kinder machen uns Freude, aber sie machen mir auch Arbeit. Und manchmal auch Ärger."
Es war keine Kleinigkeit für die vielbeschäftigte Mutter, sechs Kinder zu pflegen und zu erziehen.
Martin sah das ein: „Ja, nur Gott muss sich von seinen Menschenkindern mehr gefallen lassen als eine Mutter."
Katharina lachte: „Besonders seit der Hund da ist. Wenn ich nach jemandem rufe, weil ich Hilfe brauche, dann ist derjenige leider gerade mit unserem Tölpel unterwegs. Du hast ein viel zu weiches Herz und hättest dem Betteln und Drängen der Kinder nicht nachgeben müssen. Ach, und erst die Kegelbahn!"
Martin hatte im letzten Sommer für die Kinder eine Kegelbahn gebaut.
Alle hatten ordentlich Ehrgeiz entwickelt, die neun Kegel mit der großen Kugel umzustoßen, was natürlich nicht immer gelang.

Der kleine Martin war schon froh, wenn ein einziger Kegel fiel. So oft rollte die Kugel aus der Bahn heraus oder haarscharf am Ziel vorbei.
Auch Katharina hatte schon ihr Glück versucht.
Es war eine Freude für die Kinder, mit den Eltern fröhlich zu sein.
In solchen Momenten spürten sie deutlich, wie lieb Vater und Mutter alle ihre Kinder hatten.
Hans hatte einmal gesagt: „Weil ich weiß, dass ihr mich liebt, kann ich auch daran glauben, dass Gott mich lieb hat. Ihr lebt mir Gottes Liebe vor."
Das zu hören machte Katharina glücklich. Sie antwortete ihrem großen Jungen: „Das hast du richtig erkannt. Dazu hat Gott den Kindern Vater und Mutter gegeben: Damit sie durch die Liebe und das Vorbild der Eltern lernen, Gott zu lieben, ihm zu gehorchen und ihm zu vertrauen."

GEBET

Herr Jesus Christus, ich danke dir für meine Eltern und dafür, dass sie mich lieb haben. Sie sorgen für mich und spielen mit mir. Sie beten mit mir und lesen mir aus der Bibel vor.
Danke, dass sie mir von dir erzählen.
Bitte behüte meinen Vater und meine Mutter.

BIBELSTELLE

Denn ich erinnere mich an den ungefärbten Glauben in dir, der zuvor schon gewohnt hat in deiner Großmutter Lois und deiner Mutter Eunike, ich bin aber gewiss, auch in dir. 2. Timotheus 1,5

Martins Magen knurrte. Irritiert sah er von seinem Schreibtisch auf. Hätte es nicht schon längst Abendessen geben müssen? Was hatte den Tagesablauf durcheinander gebracht? Er stand auf und ging in die Küche.
Der Tisch war gedeckt, aber außer Tante Lene und Katharina saß dort niemand. Die Beiden lachten aus vollem Halse.
„Martin, komm, setz dich zu uns. Wir erinnern uns gerade an all die Streiche, die wir früher den Nonnen im Kloster gespielt haben."
Katharina klopfte auf den leeren Platz neben sich.
„Weißt du, wir haben damals in der Klosterküche heimlich einige Blätterteigtaschen mit Kümmel und Pfeffer gefüllt, statt mit Honig und Nüssen. Dann passten wir auf wie ein Wachhund, dass diese furchtbar gefüllten Gebäckstücke genau auf dem Teller landeten, von dem die Nonne aß, die uns mal wieder stundenlang den Boden hatte wischen lassen. Wir lachten uns kaputt, wenn sie dann voll Genuss kaute und etwas herrlich Süßes erwartete und stattdessen vor lauter Pfeffer husten musste."
Martin schüttelte schmunzelnd den Kopf und meinte: „Redet nicht so viel vom Essen. Sonst bekomme ich noch mehr Hunger." Tante Lene stand erschrocken auf. „Wie konnten wir nur so lange die Zeit vergessen?"
Schnell wurden alle zu Tisch gerufen und das Tischgebet wurde gesprochen.

Es war eine große Erleichterung für Katharina, dass ihre Tante Lene bei ihnen war. Sie bewohnte ein hübsches kleines Zimmer im Haus der Familie

Luther. Sie verbreitete immer eine fröhliche Stimmung und liebte die Kinder von ganzem Herzen.

Früher war sie im Kloster zur Krankenschwester ausgebildet worden. Deshalb kümmerte sie sich jetzt rührend um jeden aus der Familie, der krank wurde.

Sie passte auf die Kleinen auf und spielte mit ihnen. Da erklang so manches Lachen in dem großen Haus.

Tante Lene konnte herrlich die Geschichten aus der Bibel erzählen.

Die Kinderaugen waren groß und aufmerksam, wenn sie von Mose, Joseph und David berichtete. Sie betete mit den Kindern. Sie verwöhnte sie auch mal, was natürlich keiner wissen durfte.

Wenn Martin ein neues Lied gedichtet hatte, dann sang Tante Lene es oft und gern mit den Kindern.

Sie drückte bei übermütigen Streichen auch mal die Augen zu, machte aber auch Mut, den Fehler einzugestehen und sich zu entschuldigen, wenn man zu weit gegangen war.

Martin war von Herzen für alles dankbar, was Tante Lene tat.

An ihr konnte man sehen, wie viel Spaß es macht, Gottes Kind zu sein.

GEBET

Herr Jesus Christus, danke für jeden Menschen, der mir von dir erzählt hat:
Vater und Mutter, die Großeltern, der Pastor und meine Paten,
im Kindergottesdienst oder im Religionsunterricht.
Bitte hilf, dass mein Glaube an dich weiter wächst und ich dich
immer mehr kennenlerne.

BIBELSTELLE

Denn wo dein Schatz ist, da wird auch dein Herz sein. Matthäus 6,21

Liebevoll sah Magdalena ihre Puppe an: „Elisabeth, zieh deine Jacke an. Wir werden jetzt einkaufen gehen."

Es war schon ihre zweite Puppe. Die erste war nicht so schön gewesen wie diese hier. Ein hübsches Gesicht aus Holz schaute ihr entgegen. In den Mundwinkeln saß ein Lächeln. Der Körper war aus weichem Material, genau richtig zum In-den-Arm-nehmen.

Magdalenas erste Puppe war Eva gewesen und hatte einen Kopf aus Leder gehabt, mit einem Bauch, der mit Moos gefüllt war.

Nachdem Hans erst einmal Fußball mit Eva gespielt hatte, bekam sie Risse und trockenes Moos rieselte heraus. Magdalena hatte mehrmals Stofflappen auf Evas Bauch genäht – das hatte aber nichts genützt.

So war sie überglücklich, als ihre Tante ihr zum Geburtstag eine neue Puppe schenkte.

Voller Stolz ging sie zu ihrem Vater. „Wusstest du, dass Elisabeth schon weit gereist ist? Ein Holzpuppenmacher aus Nürnberg hat sie gemacht. Ich war noch nie in Nürnberg."

Martin setzte sich. „Elisabeth heißt dein neues Puppenkind? So wie deine verstorbene Schwester hieß?"

„Ja, Vater. Ich habe sie nie kennengelernt. Aber eine große Schwester zu haben, ist was Schönes. Elisabeth hätte mir bestimmt jedes Mal geholfen, wenn Hans mich ärgert. Aber jetzt müssen wir los. Wir gehen nämlich einkaufen."

Mit ernster Miene verließ Magdalena das Haus, die Puppe im Arm.

Nach einer knappen Stunde rief Katharina nach ihr. „Magdalena, kannst du mir bitte Kräuter aus dem Garten holen?" Keine Antwort.

Die Mutter holte sich selber, was sie brauchte.

Zum Abendgebet erschien Magdalena nicht. Als sie gerufen wurde, antwortete sie: „Ich kann jetzt nicht. Ich muss Elisabeth die Haare kämmen."

Am nächsten Sonntag stand sie in der Kirche nach der Predigt auf und meinte: „Ich gehe jetzt nach Hause. Elisabeth hat Hunger." Nach dem Gottesdienst fand Martin seine Tochter tatsächlich in der Küche, wo sie ihre Puppe fütterte.
„Magdalena, komm mal zu mir."
„Vater, ich habe zu tun. Elisabeth muss nach dem Essen ihren Mittagschlaf machen. Sie ist schon ganz nörgelig."
„Magdalena!" Die Stimme des Vaters ließ sie aufhorchen. Sie drehte sich um.
„Du bist eine gute Puppenmutter. Du denkst Tag und Nacht an Elisabeth. Du trägst sie in deinem Herzen. So sehr, dass du nicht gemerkt hast, dass du was verloren hast."
„Was denn, Vater, was habe ich verloren?"
„In deinem Herzen ist jetzt so viel Platz für Elisabeth, dass Gott nicht mehr drin ist. Ich habe den Eindruck, dass du Elisabeth mehr liebst als Gott."
Magdalena sah erst ihre Puppe und dann ihren Vater an.
„Das habe ich gar nicht gemerkt. Aber irgendwie hast du Recht. Mir war es wirklich egal, ob ihr meine Hilfe brauchtet oder ob ihr nach mir gerufen habt. Ich bin nicht gekommen, obwohl ich euch gehört habe. Das tut mir Leid. Gott soll in meinem Herzen wohnen. Wenn Gott im Herzen ist, dann ist auch genügend Platz drin für euch alle und für Elisabeth."

GEBET

Herr Jesus Christus, danke für meine Spielsachen, für mein Fahrrad und meine Spardose. Bitte hilf, dass mir nichts wichtiger wird als du.

BIBELSTELLE

So kommt der Glaube aus der Predigt,
das Predigen aber durch das Wort Christi. Römer 10,17

Katharina strich das Laken glatt und schüttelte das Kissen auf. Sie sah sich im Zimmer um. Alles war fertig.
Ein Strauß Blumen aus dem Garten stand als Willkommensgruß auf dem Fensterbrett. Nun konnte er kommen, ihr Neffe Hans.
Ihre Schwester hatte darum gebeten, ihn aufzunehmen. Sie selber war häufig krank und schaffte es nicht, Hans gut zu erziehen.
Er sprang über Tisch und Bänke, er schmiss alten Menschen verfaultes Obst hinterher, er log und streckte jedem die Zunge raus, der ihn ansprach.
Seine Eltern waren ratlos.
Nun war er 11 Jahre alt und seine Mutter suchte Hilfe bei der Familie Luther.

Hans lebte einige Jahre bei Martin und Katharina. Sie sorgten sich fürsorglich um ihn und gaben sich viel Mühe. Dazu gehörte viel Geduld und manchmal auch eine Portion Strenge. Aber am wichtigsten war das Liebhaben.
Sie beteten oft für ihn. Sie beteten auch oft mit ihm.
Je länger Hans im Hause Luther wohnte, umso mehr gewann er seine Tante und seinen Onkel lieb. Er achtete und respektierte sie.
Eines Tages bereitete er den Beiden eine große Überraschung.
Mittlerweile war er 18 Jahre alt. Er stand vor Martin und Katharina. Seine Wangen glühten.
„Meine Schulzeit ist jetzt zu Ende. Ich habe viel gebetet und spüre eine große Freude bei dem Gedanken, Pastor zu werden. Ich möchte gerne

Theologie studieren. Ich weiß, dass die Bibel kein altes, verstaubtes Buch ist. Gottes Wort war und ist und bleibt immer eine Kraft, die Menschen zu Jesus führt."

Alle, die das hörten, freuten sich mit.

Voller Fleiß stürzte Hans sich ins Studium.

Als er nach ein paar Jahren so weit war, dass er seine erste Predigt hielt, sagte Katharina zu Martin: „Ich konnte ihn gut verstehen und begreife, was er sagte. Er hat auf der Kanzel die Bibel mit leckeren Kräutern verglichen. Je mehr man sie reibt, umso mehr duftet sie. Das gefiel mir, denn Kräuter habe ich jeden Tag beim Kochen in der Hand und schnuppere an ihnen. Wenn ich viel in der Bibel lese, lerne ich viel über Gott. Das ist ein schöner Vergleich."

„Ja", antwortete Martin, „ich konnte mir auch eine Sache gut merken. Hans hat gepredigt: ‚Wenn ich eine Stelle in der Bibel nicht verstehe, ziehe ich den Hut, verbeuge mich und gehe vorüber'. Es hilft uns nicht weiter, wenn wir darüber grübeln oder sogar die Bibel verändern. Hans hat Recht: Wir verbeugen uns vor Gottes Allmacht und sagen: ‚Ich verstehe es nicht, aber ich vertraue dir, Herr.' Das Bild von dem Mann, der den Hut zieht, wird mir lange in Erinnerung bleiben."

GEBET

Herr Jesus Christus, danke für meine Bibel.

Bitte hilf mir dabei, zu verstehen, was ich lese oder höre.

Ich vertraue darauf, dass du in der Bibel immer eine Antwort für mich hast und mir zeigst, welchen Weg ich gehen soll.

BIBELSTELLE

Einer trage des andern Last. Galater 6,2a

Martin seufzte.

Gerade hatte Katharina ein ernsthaftes Wort mit ihm gesprochen. „Martin, wenn so viele Menschen bei uns ein- und ausgehen und jeder mit uns am Tisch sitzt und isst, dann reicht unser Geld nicht aus. Außerdem wohnen jetzt auch deine Nichte Anna und ihre zwei Freundinnen bei uns. Es wird Zeit, dass wir für die Mädchen eine Lehrerin ins Haus bekommen."

Katharina hatte Recht. Neben ihren eigenen Kindern wohnten mittlerweile auch noch viele andere im schwarzen Kloster.

Martins Bruder Jakob hatte seinen Sohn zur Familie Luther geschickt.

Auch Katharinas ältester Bruder ließ seinen Sohn Florian zusammen mit Martins Kindern erziehen.

So kam es, dass etliche Studenten und junge Lehrer ins Haus kamen, den Kindern allerhand beibrachten, natürlich auch an den Mahlzeiten teilnahmen und oft über Nacht blieben.

Sie unterstützten Martin in seiner Arbeit. Sie schrieben Briefe, die Katharina diktierte und passten auf die kleinen Kinder auf. So kam es, dass Hans schon mit 4 Jahren lateinisch sprechen konnte.

Manche halfen sogar beim Marmeladekochen. Andere brachten ihre eigenen Kinder mit.

Fast jeden Tag kamen Freunde von Martin, um mit ihm in der Bibel zu lesen und zu reden.

Das Geld, das Katharina zur Verfügung hatte, reichte nicht aus, um alle diese Menschen satt zu bekommen.
‚Genug gegrübelt', dachte Martin. Er machte sich gleich ans Werk und schrieb an eine junge Lehrerin, die ihm von einem Freund empfohlen worden war:

„Liebe Margarete!
Wir benötigen Hilfe beim Unterrichten und Erziehen all der Kinder und jungen Menschen, die uns anvertraut wurden. Deshalb möchte ich Sie als Lehrerin anstellen. Sie werden bei uns im schwarzen Kloster wohnen. Sie sollen sich bei uns zu Hause fühlen, mit uns essen und trinken und keine Sorgen haben. Ich bitte Sie herzlich, nicht abzusagen."

Die fröhliche, junge Lehrerin schrieb zurück:

„Lieber Martin Luther,
ich habe viel aus Ihren Predigten gelernt. Zum Beispiel: Wer Gott eine Freude machen will, der soll den Menschen eine Freude machen. Denn es gefällt Gott, wenn man fröhlich die Windeln wechselt, die Küche fegt oder Kinder unterrichtet. Deshalb komme ich gerne und helfe Ihnen."

Als Martin diese Antwort las, lachte er vor Freude.
„Das muss ich Katharina sagen."
Er nahm den Brief und einen kleinen Lederbeutel.
„Sieh nur", strahlte er, „Gott hat unsere Gebete erhört! Hier ist die Zusage der Lehrerin und hier … ist ein Gruß an dich vom Fürsten Friedrich!"
Er legte einen Beutel in Katharinas Hand. Sie sah neugierig hinein und erblickte eine wertvolle Geldmünze.
Fragend blickte sie Martin an.

Er erklärte: „Bei seinem letzten Besuch sah Fürst Friedrich, dass du viel Arbeit mit den Gästen hast. Er will dir auf seine Weise helfen."

GEBET

Herr Jesus Christus, mach mich bereit zu helfen, wenn jemand Hilfe braucht. Egal, wer es ist. Gib mir offene Augen dafür.

BIBELSTELLE

Ein Serafim rief zum andern und sprach: Heilig, heilig, heilig ist Gott, der Herr Zebaoth, alle Lande sind seiner Ehre voll. Jesaja 6,3

Paul hüpfte an der Hand seines Vaters die Straße entlang.

Die Familie ging zur Kirche. Heute wurde wieder das Abendmahl im Gottesdienst gefeiert.

Paul mochte das. Er fand es spannend zu beobachten, wie die Gemeindeglieder zum Altar gingen, um Leib und Blut des Herrn Christus zu empfangen. Es war so feierlich.

Bald nachdem Paul sich in der Kirchenbank an seine Mutter gekuschelt hatte, brauste ein kräftiger Gesang durch die Kirche und die Orgel füllte mit ihrem Klang das ganze Kirchenschiff.

In solchen Momenten fühlte sich Paul immer ein bisschen wie im Himmel.

Der Pastor ging auf die Kanzel. Paul lugte unter Katharinas Arm hindurch zu den Kerzen auf dem Altar und kniff die Augen zu. Dadurch bekamen die Flammen so hübsche Strahlen. Die Worte der Predigt erreichten auch

Pauls Ohr. Er verstand nicht viel, aber er spürte, dass es wichtig war, was der Pastor der Gemeinde sagte.
Nach der konzentrierten Stille, einigen Gebeten und der Aufforderung des Pastors, die Stimmen mit den Engeln erklingen zu lassen, sangen alle: ‚Heilig, heilig, heilig ist Gott, der Herr Zebaoth, alle Lande sind seiner Ehre voll!'
„Mutter", flüsterte Paul, „wenn wir genau jetzt dasselbe singen wie die Engel, dann berühren sich gerade Himmel und Erde!"
Katharina antwortete leise: „Ja, und nicht nur jetzt. Wenn wir gleich am Altar knien, dann ist es genauso. Unser Heiland vereint sich beim Abendmahl mit denen, die an ihn glauben. Er gibt ihnen seinen Leib und sein Blut. Näher kann man dem Himmel nicht kommen."
Paul sah sich um.
Viele von denen, die jetzt durch den Mittelgang nach vorne gingen, kannte er. Der Veit legte die Fingerspitzen aneinander, während er betete. Der Jakobus kreuzte die Hände vor der Brust. Die Barbara bekreuzigte sich vor und nach dem Hinknien. Der Christoph sang am lautesten.
Da wurde Paul unsanft von seinem großen Bruder geschoben.
„Gaff nicht, geh!" Paul rappelte sich auf. Er freute sich. Gleich würde er neben seinen Eltern und Geschwistern knien und der Pastor würde ihn segnen. Da wurde Paul immer ganz warm ums Herz. Es fühlte sich so an, als würde Gott selber ihm die Hand auf den Kopf legen.

Paul guckte ganz genau hin, wie jeder eine Oblate in den Mund gelegt bekam. Kaum, dass Katharina den Mund wieder geschlossen hatte, wollte Paul es ganz genau wissen. Laut erklang seine Kinderstimme durch die Kirche.

„Ist das lecker, Mutter?" Viele schmunzelten.
Katharina antwortete lächelnd: „Nichts ist besser als diese Himmelsspeise!"

GEBET

Lieber Herr Jesus Christus, ich fühle mich wohl in der Kirche.
Danke für die schönen Gottesdienste. Für die Kerzen und die Lieder, für die Menschen, die mit mir dort sind, für die bunten Fenster und die Blumen auf dem Altar. Dein Haus ist ein schönes Haus. Auch hier bin ich zu Hause.
Danke, Vater im Himmel.

BIBELSTELLE

Des Gerechten Gebet vermag viel, wenn es ernstlich ist. Jakobus 5,16b

Der kleine Martin sah zu seinem Vater rüber, dem großen Martin.
Der war gerade dabei, eine Predigt zu schreiben.
Irgendwie war es komisch, den gleichen Namen wie der Vater zu haben. Zum Glück hörte er am Klang von Mutters Stimme genau heraus, welchen Martin sie rief. Und der Besuch sagte meistens „Doktor Luther" zum Vater. Aber irgendwie war er auch stolz, dass er Vaters Namen trug.
Interessiert schaute er dem Vater über die Schulter und las:
Des Gerechten Gebet vermag viel, wenn es ernstlich ist.
„Vater, was ist ein Gerechter? Bin ich ein Gerechter?"
Vater Martin drehte sich zu seinem Sohn. Er freute sich, wenn seine Kinder Fragen zur Bibel stellten.

„Dann frage ich zurück: Glaubst du an Gott, den Vater, den Sohn und den Heiligen Geist?"
„Ja, das tue ich", nickte Martin.
„Glaubst du, dass du an jedem Tag irgendetwas machst, was Gott nicht gefällt?" Martin räusperte sich verlegen: „Ja, das tue ich auch. Das weiß ich genau."
„Tut es dir dann Leid?"
„Naja, meistens." Martin sah seinem Vater scheu ins Gesicht. Aber er sah gütige und lächelnde Augen.
„Wenn es dir Leid tut, sagst du es dann deinem Heiland Jesus, damit er dir die Sünde vergibt?"
„Ja, meistens abends, im Bett. Oder am Sonntag in der Kirche."
„Und glaubst du auch, dass Gott dir die Sünden vergibt?"
Jetzt wurde Martins Stimme kräftig: „So sicher wie das Amen in der Kirche, Vater."
„Dann bist du ein Gerechter, Martin."
Martin war begeistert. „Das will ich mir merken! Dann kann ich jetzt beten und mein Gebet hilft so richtig viel?!"
„Oh ja! Das hast du richtig erkannt. Dein Gebet und das aller Christen helfen viel. Bete fleißig, bete im Namen von Jesus Christus und sprich am Ende ‚Dein Wille geschehe'. Dann weiß Gott, dass dir deine Wünsche nicht wichtiger sind als er."
„Gut", antwortete Martin.
Aber die Kraft des Gebetes ließ ihn noch nicht los.
„Ist mein Gebet so stark wie ein Schwert oder wie eine dicke Burgmauer oder so wie ein Helm, Vater?"
„Ja, Martin, wie eine komplette Ausrüstung für einen Soldaten. Das Gebet ist eine Kraft. Und für Christen sehr wichtig. Wenn ich auch nur einen

einzigen Tag das Gebet vernachlässige, verliere ich viel vom Feuer des Glaubens. Mein Glaube fühlt sich bald nur noch lauwarm und schwach an."
Martin erinnerte sich: „Auch, wenn dein Glaubensfeuer nur noch so klein sein sollte wie ein glimmender Kerzendocht, dann wird Jesus trotzdem immer weiter beten, dass dein Glaube nicht aufhört. Das hat der Pastor am letzten Sonntag gesagt."

GEBET

Vater im Himmel, bitte hör dir alles an, was mir auf dem Herzen liegt, alles Schöne und alles Schwierige. Erhöre mein Gebet.
Ich will auch zu dir beten, wenn andere die Hoffnung verloren haben.
Weil ich weiß, dass du Wunder tun kannst und dass du immer weiterweißt.

BIBELSTELLE

Mein Herz ist bereit, Gott, mein Herz ist bereit, dass ich singe und lobe. Ich will dir lobsingen unter den Leuten. Psalm 57,8 und 10b

Katharina stellte zwei schwere Körbe auf den Tisch.
„Weißt du, wen ich gerade auf dem Marktplatz getroffen habe? Das errätst du nie."
Martin half beim Ausräumen des Einkaufs. „Hm, ist es vielleicht mein Arzt gewesen, der Matthäus Ratzeberger?"
Katharina schüttelte den Kopf.

„Na, dann war es Hieronymus. Der wollte neue Tinte für mich besorgen."
„Hieronymus war es auch nicht."
Martin stellte den Zuckersack in die Vorratskammer. „Ich gebe auf. Wen hast du getroffen?"
„Ich gebe dir einen Tipp. Es war eine Frau."
„Dann weiß ich es! Die neue Apothekerin, die die gute Medizin für Schwangere und Kinder herstellt."
„Nein, Martin. Es war Ursula. Ursula Cotta."
Martins Augen leuchteten. „Frau Cotta! Das ist eine warmherzige Frau!"
Er erinnerte sich. „Ich ging damals in Eisenach zur Schule und kam nur selten zu meinen Eltern nach Hause. Das Geld war knapp. Deshalb verdiente ich mir als Kurrendesänger etwas dazu. Ich stand mit anderen Jungen vor den Haustüren und sang Lieder aus dem Gesangbuch. Die Leute gaben mir Brot und leckere Sachen. Auch mal ein bisschen Geld. Und einmal öffnete Frau Cotta die Tür."
Katharina unterbrach ihn.
„Ja, sie erinnert sich heute noch an deinen schönen Gesang. Als sie dann sah, wie andächtig du am Ende eures Singens gebetet hast, hat sie dir spontan angeboten, in ihrem Haus zu wohnen.
„Ja genau. Ich bin so gerne dort eingezogen. Ein schönes Zimmer. Ein bequemes Bett. Ich brauchte keine Miete zahlen. Stattdessen half ich ihrem Sohn bei den Hausaufgaben und lernte mit ihm für die Schule."
Martin schwelgte in Erinnerungen. „Sie hatte ein Gesangbuch, das sie überallhin mitnahm. Wir sangen daraus beim Wandern oder beim Picknick. Frau Cotta benutzte ihr Gesangbuch als Glaubensbuch. Nach der Bibel war es für sie das Wichtigste. Manchmal sangen wir ein paar Strophen eines Liedes und die restlichen beteten wir gemeinsam. In manchen Wochen beteten wir den gesamten Gebetsteil durch, für jeden Wochentag ein eigenes Gebet. Oder wir lasen abwechselnd die einzelnen Verse der

Psalmen, die man im Gesangbuch findet. Jede Andacht war ein bisschen anders. Das hat Spaß gemacht. Sie schlug das Gesangbuch auf, wenn sie für eine schwangere Freundin beten wollte. Wenn sie zu einem sterbenden Menschen ging, las sie passende Texte daraus vor. Sogar bei Geburtstagen und Tauftagen holte sie es hervor. Einmal sah ich, dass sie in ihrem Sessel saß und weinte. Dabei hatte sie ihr Gesangbuch in den Händen und las darin. Als ich zu ihr ging, zeigte sie auf das Buch und sagte: ‚Hier ist so viel Trost zu finden' und lächelte schon wieder."

Da fiel Martin ein: „Katharina, haben unsere Kinder eigentlich alle ein eigenes Gesangbuch?"

GEBET

Herr Jesus Christus, danke für die schönen Lieder,
die ich in der Kirche so gerne singe.
Mit diesen Liedern will ich dich loben und zu dir beten.
Für mich und andere, an schönen und schweren Tagen.
Sei immer für mich da.

Ich bin der Herr, dein Arzt. 2. Mose 15,26

Martin war ins Krankenhaus gerufen worden.
Die Frau des Bürgermeisters war schwer krank und verlangte nach ihm. Katharina packte eine Flasche mit leckerem Saft ein. Martin machte sich sofort auf den Weg.
Als er ankam, merkte er, dass die Kranke unruhig war. Er neigte sich zu ihr. „Was fehlt Ihnen denn? Wie lange geht es Ihnen schon so schlecht?"
Er erkundigte sich auch, ob sie einen Arzt habe, zu dem sie Vertrauen hätte und was für Medikamente sie einnehmen müsse.
Die Frau freute sich über Martins Interesse. Er redete mit ihr in liebevollem Ton und tröstete sie.
Doch als er sagte: „Ich werde Ihnen jetzt die Hände auflegen, damit Sie spüren und fest vertrauen, dass Gott Ihnen hilft.", da hob sie abwehrend die Hände. „Meine Krankheit ist äußerst ansteckend."
Aber davon ließ sich Martin nicht abschrecken. Er nahm ihre Hände und betete mit ihr. Dann legte er ihr seine Hände auf den Kopf und segnete sie. Das tat ihr sehr gut. Sie wusste genau: Es war Gott selber gewesen, der sie gerade mit seinem Segen beschenkt hatte. Sie wurde ruhiger und konnte sogar wieder ein bisschen lächeln.

Schon einen Monat später wurde Martin krank. Nein, er hatte sich nicht angesteckt. Er hatte ein Brausen im Ohr, wie Wellen am Meer. Immer wieder hatte er Fieberschübe und wurde ohnmächtig. Katharina kühlte ihn mit Wasser, doch sein Zustand besserte sich nicht. Er hatte unruhige Träume und wälzte sich hin und her.

Schließlich rief Katharina Martins Freund, Matthäus Ratzeberger, der war Arzt. Er rettete ihm das Leben, indem er anordnete, Martin Tag und Nacht in warme Tücher einzuhüllen.
Allmählich kehrten die Kräfte zurück.
Als er wieder zu Bewusstsein kam, sah er Margarete an seinem Bett sitzen. Sie flickte ihre Schürze. Er winkte sie zu sich.
Voller Freude setzte sie sich auf die Bettkante.
„Wirst du wieder ganz gesund, Vater?"
Martin nickte: „So wie du auf deine Schürze einen Flicken nähst, hat mich der Arzt wieder zusammengeflickt. Ärzte sind Gottes Flicker."
Das fand Margarete interessant. „Vater, gab es damals, als Jesus lebte, keine Ärzte? Ist das der Grund dafür, dass so viele Menschen von Jesus und den Jüngern geheilt wurden?"
Martin war noch schwach, aber er antwortete: „Jesus heilte, weil sein Vater im Himmel dafür gelobt werden sollte. Die Menschen sollten aus Freude und Dankbarkeit Jesus nachfolgen. Auch, wenn es nicht mehr so oft passiert, werden heute noch Menschen von Gott geheilt, ohne dass die Ärzte etwas dazu tun. Zum Beispiel dann, wenn für den Kranken gebetet wird oder ihm die Hände aufgelegt werden."
Margarete klatschte vor Freude in die Hände.
„Dann weiß ich genau, dass du wieder gesund wirst. Denn wir alle haben an deinem Bett gestanden und für dich gebetet und dir dabei die Hände aufgelegt."

GEBET

Herr Jesus Christus, danke, dass ich gesund bin. Danke, dass du mir Menschen schenkst, die für mich beten, wenn es mir mal nicht so gut geht. Behüte meine Familie, meine Freunde und alle, die ich lieb habe.

BIBELSTELLE

Dein Wort ward meine Speise, so oft ich's empfing und dein Wort ist meines Herzens Freude und Trost; denn ich bin ja nach deinem Namen genannt, Herr, Gott Zebaoth. Jeremia 15,16

Martin stellte die Leiter an den Apfelbaum. Katharina wollte einen Kuchen backen und brauchte Früchte. Sie war zu ihm ins Turmzimmer gekommen und hatte einfach einen Korb mitten auf seinen Schreibtisch gestellt.

„Martin, du arbeitest schon viel zu lange und brauchst ein bisschen frische Luft. Das trifft sich gut, denn ich möchte eine Obsttorte machen." Sie lächelte ihn an: „Bitte."

Er nahm den Korb.

„Du hast Recht. Seit Sonnenaufgang sitze ich schon hier. Ich gehe sofort in den Garten."

Nun stand er auf der Leiter und pflückte Äpfel. Margarete kam hinters Haus gesprungen.

„Vater, triffst du hier rein?"

Sie stand unten und hielt ihre Schürze auf. Martin zielte und warf:

„Was denkst du denn? Ich werde so viele Äpfel versenken, dass du sie nicht mehr tragen kannst."

Als Schürze und Korb gefüllt waren, gingen die Beiden zur Mutter in die Küche.

Martin fragte: „Ratet mal, woran ich gedacht habe, als ich auf der Leiter stand?". Katharina lachte. „Das ist ja wohl nicht schwer zu erraten: Daran, dass du Hunger hast."

Martin rieb sich den Bauch. „Das habe ich tatsächlich. Aber das war es nicht."

Margarete hatte auch eine Idee: „Du hast doch bestimmt überlegt, ob die Naht standhält, mit der ich meine Schürze geflickt habe, während ich an deinem Bett saß, als du krank warst."
Der Vater lobte sie: „Du hast sehr gut genäht!"
Katharina rührte in der Teigschüssel: „Nun verrate uns schon, was in deinem Kopf vorging."
Martin berichtete: „Ich habe an meine Bibel gedacht. Jedes Jahr lese ich sie zweimal durch und doch hat sie mir immer wieder was Neues zu sagen. Da stand ich mit dem Apfel in der Hand und sah die vielen Bäume in unserem Garten, von denen wir so viel und unterschiedliches Obst ernten können. In dem Moment verstand ich, dass es mit Gottes Wort genauso ist: Es gibt keinen Baum in diesem Bibel-Garten, an den ich nicht schon geklopft hätte. An jedem Zweig habe ich gerüttelt. Jeden Ast habe ich geschüttelt. Das Wunderbare ist: Jedes Mal habe ich wieder ein paar neue Äpfel oder Birnen heruntergeholt."
Margarete staunte: „Heißt das, dass Gott dir beim Lesen immer wieder was anderes erzählt?"
„Nein, Margarete. Nichts anderes, sondern immer genau das, was ich gerade gebraucht habe. Gott hat mir immer geholfen. Wenn ich Trost brauchte, hat er mich getröstet. Wenn ich mutlos war, dann schenkte er mir neuen Mut. Wenn ich ratlos war, gab Gott mir genau den richtigen Tipp. Ich lerne meinen Vater im Himmel durch die Bibel immer besser kennen."

GEBET

Herr Jesus Christus, danke für die Bibel.
Bitte hilf mir dabei, an jedem Tag in deinem Wort zu lesen.
Denn ich möchte dich immer besser kennen lernen und darauf vertrauen, dass du zu mir sprichst.

BIBELSTELLE

Jesus trat herzu und sprach zu ihnen: Mir ist gegeben alle Gewalt im Himmel und auf Erden. Darum gehet hin und machet zu Jüngern alle Völker: Taufet sie auf den Namen des Vaters, des Sohnes und des Heiligen Geistes und lehret sie halten alles, was ich euch befohlen habe. Und siehe, ich bin bei euch alle Tage bis an der Welt Ende.

Matthäus 28,18–20

Paul war aufgeregt: Heute sollte der kleine Lorenz Schlenker in der Stadtkirche getauft werden. Pastor Agricola würde die Taufe durchführen und die ganze Familie Luther war hinterher zur Tauffeier eingeladen worden.
„Vater, wieso taufst du denn den Lorenz nicht? Das wäre doch eine viel schönere Taufe!"
Martin kniete sich vor seinen Jungen hin. „In der Taufe kommt Gott dem Baby ganz nah. Der Himmel steht offen und Vater, Sohn und Heiliger Geist machen gemeinsam den kleinen Menschen selig und schenken ihm als Taufgeschenk das ewige Leben. Da ist es unwichtig, welcher Pastor die Taufe durchführt."
Paul überlegte. „Wenn Gott dem Lorenz so nahe kommt, dann ist das so, als wenn zwei beieinander sind, die sich lieb haben. Das wird ein fröhliches Zusammensein!"
Martin freute sich. „Das hast du schön beschrieben. Und wir haben die Freude, dabei sein zu dürfen und in der Kirche alles mitzuerleben. Hautnah. Wir sind Zeugen. Alle, die dabei sind, genießen dieses Zusammentreffen von Gott und seinem neuen Kind: die Gemeinde, die Engel, das Baby mit seiner Familie und Gott selber."
„Wer hat sich das denn ausgedacht, das mit der Taufe?" Paul ließ das Thema keine Ruhe.

Martin sah ihn an. „Das war unser Heiland selber. Christus hat den Auftrag gegeben. Er wollte, dass alle Menschen getauft werden und alles lernen, was er seinen Jüngern beigebracht hat."

Paul hatte schon wieder einen neuen Gedanken. „Vater! Wenn Gott selber dies Gebot gegeben hat, dann muss es eine kostbare und schöne Sache sein. Aber ich habe auch schon mal von jemandem gehört, dass die Taufe wertloser sei als ein Strohhalm."

Martin stimmte Paul zu. „Ja, die Taufe sollen wir nicht als unwichtig ansehen, sondern als einen großen Schatz. Wir können uns an jedem Tag an unserer Taufe freuen und Gott dankbar sein für dieses großartige Geschenk. Weil die Taufe uns zu Gotteskindern macht, können wir dem Teufel ins Gesicht lachen, wenn er uns traurig machen will oder versucht, unseren Glauben anzugreifen."

Die Glocken fingen an zu läuten.

„Jetzt wird es aber Zeit loszugehen. Der Gottesdienst beginnt gleich. Komm, Paul!"

GEBET

Herr Jesus Christus, ich danke dir für meine Taufe und dass ich dein Kind bin.
Du hast mich lieb und gibst meinem Glauben an jedem Tag neue Kraft.
Behüte und beschütze mich mein Leben lang.
Danke, dass ich einmal bei dir im Paradies sein werde.
Darauf freue ich mich jetzt schon.

Herr, ich habe lieb die Stätte deines Hauses und den Ort, da deine Ehre wohnt. Psalm 26,8

Hans zog sich einen Stuhl neben seinen jüngeren Bruder Martin.
„Streck mal deinen Zeigefinger aus. Aber den Daumen musst du einklappen."
Was der große Bruder verlangte, wollte Martin unbedingt tun. Er gab sich Mühe und ordnete seine kleinen Finger.
„Aua", rutschte es ihm heraus, als sein Daumen von Hans in die richtige Position gebracht wurde. „Was machst du denn da?"
Hans hielt inne. „Oh, Entschuldigung. Ich wollte dir nicht weh tun. Aber ich möchte dir etwas zeigen. Schau mal … Woran erinnert dich das?"
Martin schaute auf seine Hand. Der Daumen war hinter der Handfläche verschwunden, der Zeigefinger zeigte nach oben und die anderen drei standen, in der Mitte angewinkelt, daneben.
„Hm, … ich weiß nicht. Ich weiß nur, dass ich gleich einen Krampf kriege."
„Komm mal mit!"
Hans nahm Martin an der Hand und sie liefen die Stufen zu Vaters Turmzimmer empor.
Als sie nebeneinander am Fenster standen, sagte Hans: „Jetzt streck deinen Arm aus und guck dir deine Hand noch einmal an. Findest du da draußen etwas, das deinen Fingern ähnelt?"
Martin führte seinen Arm vom linken Fensterrahmen zum rechten. Er kniff ein Auge zu. Er konnte die Stadt Wittenberg von oben sehen.
Mit einem Mal stoppte er und rief: „Da! Die Kirche sieht genauso aus. Sie hat die gleiche Form!"
Hans nickte begeistert. „Ja! Das ist mir aufgefallen, als wir letzten Sonntag zur Kirche gingen: Der Kirchturm ist der Zeigefinger und die anderen

Finger bilden das Dach über dem Kirchenschiff. Als ob Gott seinen Finger ausstreckt, zum Himmel weist und damit allen Menschen sagen will: ‚Denkt an mich. Vergesst mich nicht. Ich zeige euch den Weg ins Paradies.'"
Martin tippte sich auf die Brust. „Da weiß ich noch was. Wenn die Glocken läuten, dann höre ich manchmal: Komm! Komm! Hier – lang!"
Hans stützte seine Arme auf das Fensterbrett. „Niemand in unserer Stadt kann sagen, dass er Gottes Rufen nicht hören würde oder Gottes Einladung nie bekommen hätte. Das finde ich gut."
Als die beiden Brüder später ihrer Mutter davon erzählten, fügte sie noch etwas Interessantes hinzu.

Katharina erzählte: „Es gibt Menschen, die verfolgt werden. Vielleicht, weil sie in großer Not ein Brot stahlen oder weil sie Schulden haben. Diese Menschen dürfen in der Kirche Schutz suchen. Die Gemeindeglieder und der Pastor kümmern sich um diese Leute und versuchen gemeinsam, einen Weg zu finden, wie zu helfen ist. Das nennt man ‚Asyl'. Gott möchte, dass jeder, der ihn sucht, in der Kirche Zuflucht finden kann. Denn hier will Gott den Menschen dienen. Ist das nicht herrlich?"

GEBET

Herr Jesus Christus, danke, dass jede Kirche mich an dich erinnert.
Danke, dass du mir darin so viel Gutes tust.
Hilf, dass viele Menschen den Weg zur Kirche suchen und dich darin finden.

BIBELSTELLE

Herr, wie sind deine Werke so groß und viel! Du hast sie alle weise geordnet und die Erde ist voll deiner Güter. Psalm 104,24

Martin kam auf den Hof geritten. Sein Mantel war blutig.
Er kam gerade von einer Jagd zurück, zu der er eingeladen worden war.
Katharina kam aus dem Haus gelaufen. Sie sah Martin an, dass er traurig war. „Ist dir was passiert?"
Martin schüttelte den Kopf und seufzte.
„Ich schaffe das einfach nicht. Mir wurden Pfeil und Bogen in die Hand gedrückt. Aber ich kann nicht auf Rehe schießen. Also ritt ich am Rande der Jagdgesellschaft, damit es niemandem auffiel, dass ich keinen Schuss tat. Die Hunde bellten und rasten durch das Unterholz. Da entdeckte ich einen jungen Hasen, der sich völlig eingeschüchtert von dem Getöse der Jagdhörner in ein Versteck drückte und zitterte. Er tat mir so leid. Ich stieg ab und kuschelte ihn in meinem Mantel. Aber er wurde von den Hunden aufgespürt. Sie haben ihn totgebissen." Seine Stimme war immer leiser geworden.
Katharina nahm Martins Hand. „Das liegt daran, dass du in jedem Blatt, jeder Blume und jedem Tier Gott den Schöpfer siehst. Deshalb fühlst du mit jedem Geschöpf und hast es lieb."

Am nächsten Morgen ging Martin durch den Garten. Auch hier fand er überall Gottes Spuren. Er freute sich über die Tauperlen im Gras und über den Gesang der Vögel. Er schnupperte an einer Rose und war voller Freude darüber, dass sie so wunderbar von Gott gemacht worden war.
‚Kein Maler würde das so schön hinbekommen', dachte Martin. ‚Gott schafft aus trockener Erde so viele verschiedene Blumen. Jede einzelne

hat eine herrliche Farbe und einen zarten Duft. Dafür danke ich dem Schöpfer.'

Dann ging er zum Bienenstock und beobachtete das Bienenvolk.

‚Wie eine Biene den Honig aus unterschiedlichen Blüten zusammensucht, so fühle ich mich, wenn ich aus manchen Bibelversen das Köstlichste herausfinde, was ich über Gott lernen kann. So hält mir die Biene eine kleine Predigt.'

Martin lächelte vor sich hin.

Er beobachtete eine Vogelmutter mit ihren Kindern im Nest.

‚Gleich wird sie losfliegen, um Fliegen und Würmer zu suchen. Sie sieht das Futter für ihre Kinder von weitem. Gott hat ihr sehr gute Augen gegeben.'

Martin schaute über den Gartenzaun hinaus auf die Felder.

‚Wenn wir Menschen es verstehen könnten, würde uns das Korn anreden: „Sei fröhlich, iss und trink und sei dankbar für alles, was die Menschen aus Getreide machen. Gott hat dafür gesorgt." Auch die Kühe würden mit uns reden: „Freut euch! Wir bringen euch Butter und Käse. Esst und trinkt und gebt anderen ab." Durch die Schöpfung redet Gott mit uns.'

Als Martin wieder ins Haus ging, dachte er bei sich:

‚Hat Gott Himmel und Erde schon so schön erschaffen, wie herrlich wird es dann erst im Paradies sein!'

GEBET

Herr Jesus Christus, danke dass du die Welt so wunderbar geschaffen hast.

Du hast an alles gedacht.

Ich sehe daran, wie lieb du mich hast, denn du versorgst mich mit allem, was ich brauche.

Ich lobe deine Schöpfermacht!

BIBELSTELLE

Als sie aber weiterzogen, kam Jesus in ein Dorf. Da war eine Frau mit Namen Marta, die nahm ihn auf. Und sie hatte eine Schwester, die hieß Maria; die setzte sich dem Herrn zu Füßen und hörte seiner Rede zu. Marta aber machte sich viel zu schaffen, ihm zu dienen. Und sie trat hinzu und sprach: Herr, fragst du nicht danach, dass mich meine Schwester lässt allein dienen? Sage ihr doch, dass sie mir helfen soll! Der Herr aber antwortete und sprach zu ihr: Marta, Marta, du hast viel Sorge und Mühe. Eins aber ist Not. Maria hat das gute Teil erwählt; das soll nicht von ihr genommen werden.

Lukas 10,38–42

Die Morgensonne schien an einem Sonntag mit ihren Strahlen durchs Fenster und kitzelte Katharinas Nase. Sie blinzelte und streckte sich. Schon stand sie auf. Wie immer war sie auch heute die Erste im Haus.

Martin war auch ein Frühaufsteher. Heute war er besonders fröhlich, denn er selber würde im Gottesdienst predigen. Es war für ihn jedes Mal eine große Freude, von der Kanzel oder vom Altar aus die Gemeinde zu sehen.

Er ging hinunter in die Küche, wo es für alle ein kleines Frühstück gab. Und schon ging es los.

In der Kirche fiel Martin auf, wie aufmerksam Katharina war, wenn aus der Bibel vorgelesen wurde und auch während der Predigt.

Zu Hause war sie immer so fleißig, dass er sie manchmal ‚kleine Marta' nannte. Aber hier war sie ganz wie Maria, die neben den Füßen von Jesus saß und ihm zuhörte.

Als sie wieder zu Hause waren, dauerte es gar nicht lange, da ertönte schon die Glocke, die alle zum Essen zusammenrief. Fleisch und Gemüse mit einer würzigen Sauce. So etwas Leckeres gab es nur sonntags.

Als alle satt waren, wurde das Dankgebet gesprochen.
Martin nahm Katharinas Hand.
„Ich möchte mich auch bei dir bedanken, dass du für uns alle diese festliche Mahlzeit gekocht hast. Ich werde mit den Kindern den Tisch abdecken und die Küche in Ordnung bringen. Du ruhst dich jetzt aus. Wir machen Gott nicht nur mit unserer Arbeit Freude, sondern auch wenn wir eine Pause einlegen."
Katharina nahm sich ein Buch und legte die Beine hoch. Als Martin kam, setzte er sich zu ihr. Sie fassten sich an den Händen und schauten ihren Kindern beim Spielen zu.
Katharina fielen dabei die Augen zu.
Martin flüsterte: „Kommt, Kinder, lasst uns ein bisschen mit Tölpel rausgehen. Wir können im Hof spielen. Dann kann Mutter sich noch ein bisschen ausruhen."
Der kleine Hund stand schwanzwedelnd vor ihm. Leise gingen alle hinaus.
Am Abend trafen sie sich wieder, um zu singen. Martin holte seine Laute hervor. Er begleitete die Lieder. Als Letztes sangen sie ein Abendlied, in dem Gott um Schutz für die Nacht gebeten wurde.
Während Katharina noch einmal in jedes Bett gesehen und jedes Kind gesegnet hatte, dachte sie bei sich: ‚Der Sonntag ist wirklich der schönste Tag in der ganzen Woche.'

GEBET

Lieber Vater im Himmel, danke für den Sonntag.
Danke für den Gottesdienst und für die Zeit, die wir als Familie miteinander haben. Danke, dass du dich auch über mich freust,
wenn ich spiele und singe oder mich ausruhe.

BIBELSTELLE

Ich bin verstummt und still und schweige fern der Freude und muss mein Leid in mich fressen. Nun, Herr, wessen soll ich mich trösten? Ich hoffe auf dich. Psalm 39,3 und 8

Magdalena ging seit Tagen mit verweinten Augen durchs Haus. Niemandem beantwortete sie irgendwelche Fragen. Sie schüttelte den Kopf, wann immer sie angesprochen wurde. Sie wurde immer blasser. Die Eltern waren ratlos.

Schließlich meinte Martin: „Sie läuft herum, als wäre sie gefangen und wüsste nicht, wie sie herauskommt. Ich möchte ihr helfen, wieder mit uns zu reden."

Als Magdalena sich noch einmal mit hängendem Kopf an ihrem Vater vorbeidrängen wollte, zog er sie an sich und nahm sie liebevoll, aber fest in seine Arme. Zuerst wehrte sie sich und strampelte in seinem Griff.

Aber Martin hielt sie weiterhin umfasst und sprach dabei leise in Magdalenas Ohren. „Ich sehe, dass dich etwas bedrückt. Ich werde hier bei dir bleiben und dich in meinen Armen halten, bis du dich wohler fühlst. Es wird dir helfen, mit mir zu sprechen. Dazu hat Gott dir Vater und Mutter gegeben, dass du uns alles sagen kannst. Wir werden dir beistehen. Wir haben dich sehr lieb."

So ähnlich sprach Martin ununterbrochen zu seiner Tochter.

Nach einiger Zeit sackte Magdalena in der Umarmung zusammen und fing an zu weinen.

Martin konnte kaum verstehen, was sie zwischen den Schluchzern sagte. „Gott ist so groß und ich bin so klein. In mir wohnen so viele böse Gedanken und Gefühle. Ich habe nicht genug Kraft, um alles das zu tun, was gut und richtig ist. Ich weiß, dass Gott mir nicht verzeihen kann. Das halte ich nicht aus. Es gibt keinen Platz, wo ich mich vor ihm verstecken kann."

Die Stimme des Vaters war immer noch nah bei ihrem Ohr.
„Magdalena, du hörst dich ganz verzweifelt an. Dies Gefühl kenne ich gut. Aber die Verzweiflung kannst du getrost hinter dir lassen. Hänge dich an den Hals von Jesus. So wie wir es heute in der Andacht gelesen haben. Halte dich an deinem Heiland fest. Dann wird er nämlich zu seinem Vater sagen: ‚Dieser kleine Anhänger hier, der muss auch noch mit ins Paradies. Sie hat zwar deine Gebote übertreten. Aber sie hängt sich an mich. Was soll's! Ich starb auch für sie. Lass sie hinein und heiße Magdalena willkommen!'"
Magdalena kuschelte sich tiefer in Martins Arme.
„Vater, erzähl mir mehr davon. Es tut so gut."

GEBET

Herr Jesus Christus, danke, dass du mir alles vergeben wirst,
was ich dir ehrlich bekenne und wofür ich dich um Vergebung bitte.
Auch wenn ich mich schäme, lass mich nie denken,
dass meine Schuld größer sei als du.
Du nimmst mich immer wieder in deine Arme.
Das macht mich froh!

BIBELSTELLE

Schaffe in mir, Gott, ein reines Herz und gib mir einen neuen, beständigen Geist. Psalm 51,12

Gerade hatte Martin diese Worte zur Abendandacht vorgelesen, da stand Margarete auf und holte aus der Besenkammer einen Handfeger und eine Schaufel. Sie legte beides auf den Schoß ihres Vaters.
„Ich möchte, dass Gott auch mein Herz sauber macht."
Martin zog seine Tochter auf den Schoß. „Gott freut sich über deine Bitte. Wie sieht es denn in deinem Herzen aus?"
„Na, Vater, ein Engel bin ich jedenfalls nicht. Vorhin war ich Mutter ungehorsam, weil sie wollte, dass ich ihr helfe. Gestern war ich trotzig, als Hans mit mir Frieden schließen wollte. Ich befürchte, dass es bei mir viel zu putzen gibt."

„Es ist gut, dass du Gott gegenüber ehrlich bist."
Martin legte Margaretes kleine Hand in seine große. „Ich werde Gott auch um ein reines Herz bitten. Viel zu oft bin ich ungeduldig. Es geht so schnell, dass ich zornig werde. Mit dem, was ich sage, tue ich anderen oft weh. Das habt ihr alle schon erleben müssen. Obwohl ich euch lieb habe."
Schon ließ sich der kleine Martin hören: „Mir tut es leid, Vater, dass ich dich heute beim Arbeiten gestört habe, weil ich so laut durchs Haus gesprungen bin. Fünfmal hast du mich ermahnt. Und ich habe nicht darauf geachtet."
Währenddessen rutschte Hans verlegen auf seinem Stuhl hin und her.
„Mich bedrückt es immer noch, dass ich neulich so frech zu euch Eltern war, dass du mich drei Tage lang nicht sehen wolltest, Vater. Mir ist ein

Stein vom Herzen gefallen, als du zu mir gekommen bist und mich dann doch noch am selben Tag in den Arm genommen hast."

Gerade wollte der Vater darauf antworten, als Paul ihm ins Wort fiel.

„Ich will das eigentlich gar nicht. Aber jedes Mal, wenn ich Soldat spiele, zanke ich. Egal mit wem. Keine Ahnung, warum. Und beim Armbrustschießen kann ich es nicht ausstehen, wenn jemand besser ist als ich. Dann fange ich auch an zu streiten."

Eine kleine Stille breitete sich aus.

Katharina erhob sich. Sie gesellte sich zu ihrer Familie, die mittlerweile um Vaters Stuhl herum versammelt war.

„Wisst ihr, wenn ich in der Küche von unserer Magd Dorothea Hilfe bekomme, dann bin ich oft unzufrieden mit ihr. Ich werde dann unfreundlich und gebe ihr einen Befehl nach dem anderen, ohne ‚bitte' zu sagen. Ich bedanke mich auch nicht bei ihr, wenn etwas gut gelungen ist. Ich kann ein echtes Scheusal sein. Dorothea hat manchmal wirklich unter mir zu leiden."

Martin fasste zusammen: „Wir haben uns gegenseitig oder andere Menschen lieblos behandelt. Jeder von uns hat es nötig, Gott um ein reines Herz zu bitten. Jetzt wollen wir zusammen beten:

GEBET

Herr Jesus Christus, nimm du alle Sünden aus unseren Herzen. Du machst gerne alles sauber und schneeweiß, wenn wir dich darum bitten. Gib uns deinen Heiligen Geist, der uns hilft, so zu leben, dass wir unserem Vater im Himmel Freude machen. Amen."

BIBELSTELLE

Und Gott sprach: Lasset uns Menschen machen, ein Bild, das uns gleich sei. 1. Mose 1,26a

Pauls Stirn lag in Falten. Er grübelte. Er hatte in der Bibel gelesen, wie Gott die Welt erschaffen hatte. Aber eins verstand er nicht.
Mit wem sprach Gott, wenn er sagte: ‚Lasst *uns* Menschen machen.'?
Seine Eltern hatten ihm gesagt, dass viel Grübeln nichts helfe.
Er schüttelte den Kopf, als wollte er die Gedanken aus dem Kopf vertreiben. Es war an der Zeit, Vater und Mutter zu fragen. Er stand auf und rieb sich die Stirn. Jetzt erst hörte er, dass draußen ordentlich was los war.
Paul schaute durchs Fenster in den Hof. Dort stand ein Pferdegespann mit einer Fuhre voller Dinge für Keller und Vorratskammern. Der Vater war auch dort und hob gerade ein kleines Weinfass auf die Schulter.
Paul beeilte sich und flitzte die Treppe runter. Er schnappte sich eine Kiste mit Kerzen und sauste Martin hinterher.
„Vater", keuchte Paul atemlos, „wer war dabei, als Gott die Welt erschuf?"
Sie gingen hintereinander in den Weinkeller und Martin stellte das Fass ab. Er war noch etwas aus der Puste, als er antwortete.
„Ich bin erstaunt, über was du nachdenkst, aber ich freue mich darüber. Also: Da war zunächst einmal Gott, der Vater, der alles ins Leben gerufen hat. Der Sohn war auch dabei und hat seinen Vater unterstützt. Gottes Geist gab jedem Geschöpf seinen Atem."
„Ja, aber wie kann denn Gott ein einziger Gott sein, wenn er Vater, Sohn und Geist ist?" Paul versuchte angestrengt, Gott zu begreifen.
Martin antwortete: „Ja, das ist wirklich schwer zu verstehen. Die Dreieinigkeit ist ein echtes Geheimnis. Sogar, wenn wir in den Himmel klettern würden, um herauszufinden, wie Gott ist, kämen wir zu keinem Ergebnis.

Denn bei Gott ist 1=3 und 3=1. Ein Gott in drei Personen und drei Personen in einem Gott. Hier können wir nur glauben und vertrauen und anbeten."
Mittlerweile waren sie wieder im Hof angelangt.
Paul rümpfte die Nase. „Die Fischfässer stinken."
Martin lachte: „Dann steck deine Nase besser nicht da rein. Steck sie lieber in deine Bibel. Dort liest du die schönen Geschichten, aus denen wir lernen können, was Gott der Vater tut, was Gott der Sohn tut und was Gott der Heilige Geist tut."
Paul warf sich einen Sack mit Feuerholz auf den Rücken.
„Vater, das ist ein guter Vorschlag. Ich werde den dreieinigen Gott in der Bibel suchen. Aber ich versuche nicht, die Dreieinigkeit zu erforschen. Sondern: Wenn ich etwas nicht verstehe, dann verbeuge ich mich vor Gottes Allmacht und gehe weiter."
Martin ächzte unter dem Gewicht eines Getreidesacks. Er stimmte Paul zu. „Eben. Was wäre Gott für ein Gott, wenn wir alles begreifen würden? Dann könnten wir ihn ja gleich in unsere Hosentasche stecken. Viel besser ist es, ihn zu lieben und zu ehren."

GEBET

Dreieiniger Gott, hilf mir, an dich zu glauben und dich als den Einen wahren Gott anzubeten.
Schenk mir das ewige Leben, in dem ich dich, Vater, Sohn und Heiliger Geist, sehen darf. Darauf freue ich mich schon jetzt.

So könnt ihr mit allen Heiligen die Liebe Christi erkennen, die alle Erkenntnis übertrifft. Epheser 3,18a und 19

„Vater! Mutter! Das werdet ihr nicht glauben!"

Hans stürmte ins Wohnzimmer, wo Martin und Katharina nebeneinander auf der Ofenbank saßen und sich am Kachelofen wärmten.

„Ich habe Franz getroffen. Er ist gerade mal wieder in Deutschland und hat mir erzählt, dass er Christen in Kanada, Japan und Mexiko getroffen hat. Sie feiern dort auch Gottesdienste. Ist das nicht toll?"

„Ja, das ist es." Katharina rutschte zur Seite und klopfte auf den Platz neben sich. „Komm, setz dich her."

Martin streckte behaglich die Beine aus und meinte gemütlich:

„Es gibt eben auf der ganzen Welt Christen, die auf die Stimme von Jesus hören. Überall da ist die Kirche."

Er sah seinen Ältesten von der Seite an, der den Kopf schüttelte.

„Ich habe darüber noch nie nachgedacht. Irgendwie bin ich davon ausgegangen, dass alle Menschen, die in den Himmel kommen, deutsch sprechen. Aber anscheinend ist es so, dass das Himmelreich da ist, wo Menschen an Christus glauben, egal in welchem Land sie zu Hause sind, oder?"

Martin stimmte ihm zu. „Ja, das ist die eine, heilige, christliche Kirche. Man erkennt sie daran: Wo Menschen getauft werden, wo Christen das Abendmahl feiern, wo die Bibel gelesen wird – überall da ist die Kirche."

Hans wollte es verstehen und suchte nach einem Vergleich.

„Dann ist die Kirche wie ein Gärtner, der in der ganzen Welt den Samen für den Glauben ausstreut. Der Same ist das Wort Gottes. Die Gärtner sind die Christen, die von ihrem Glauben erzählen. Ist das richtig?"

Katharina nickte. „Das ist ein guter Vergleich." Sie seufzte. „Manchmal überlege ich, ob bei uns zu wenig Samen ausgesät wurde. Eigentlich sollte alles in der Kirche groß und schön sein und glänzen. So viele Gemeindeglieder müssten in den Gottesdienst kommen, dass die Kirche aus allen Nähten platzt. Doch dann sehe ich, dass wir in der Kirche oft so ein kleiner Haufen sind. Wir sind alle Sünder. Viele finden es unwichtig, was im Gottesdienst geschieht, was Gott für uns tut und manche bleiben ganz weg. Aber dann hörte ich, dass Gott das Herz ansieht. Da wusste ich, dass ein Herz, das an ihn glaubt, für Gott prächtig und strahlend und leuchtend wie aus Gold ist. Die echte Kirche sieht man eben nicht nur von außen, sondern sie lebt auch in den Menschen, durch den Glauben. Ist das nicht schön?"

GEBET

Lieber Gott, danke für die Kirche auf der ganzen Welt.
Wir Christen kennen uns zwar nicht alle, aber du bist unser Vater,
Jesus Christus ist unser Heiland und der Heilige Geist wohnt in uns und leitet uns. Wer an dich glaubt, ist mein Bruder und meine Schwester.
Dafür danke ich dir.

Was ihr mich bitten werdet in meinem Namen, das will ich tun.

Johannes 14,14

Hans konnte das nicht glauben: „Vater, bedeutet das, dass wir Gott einfach einen Wunschzettel hinlegen können?"
Martin ging zu seinem Schreibtisch und nahm die Bibel in die Hand.
„Der Vergleich mit dem Wunschzettel gefällt mir. Ich habe noch kein Kind gesehen, das keine Lust hatte, einen Wunschzettel zu schreiben. Mir geht es genauso."
Er tippte mit dem Finger auf den Bibelvers.
„Wenn ich das hier lese, bekomme ich Lust zu beten. Als ob jemand mein Herz wach rüttelt und ein kleines Feuer in mir anzündet."
Hans hatte noch Bedenken. „Aber ich kann Gott doch nicht mit allen Kleinigkeiten belästigen, die mir wichtig sind. Das langweilt ihn doch irgendwann."
Martin zog seinen Stuhl neben Hans. „Weißt du, Beten ist Reden mit Gott. Ihm ist das Gebet wichtig. Er liebt es, wenn wir beten. Darum wäre es ein großer Fehler, sich nichts von Gott zu wünschen und ihm nicht zu sagen, was du auf dem Herzen hast. Selbst wenn Gott Nein sagt, hör nicht auf zu hoffen, dass Gott dir helfen wird und bete weiter."
Hans ging mittlerweile im Zimmer auf und ab. „Weißt du, Vater, ich bete wirklich gerne. Aber bist du sicher, dass Gott sich nicht irgendwann die Ohren zuhält?"
„Ja, Hans", antwortete Martin. „Da bin ich mir ganz sicher. Es ist gut, wenn du einen Rucksack voll mit Bitten für dich und andere bei dir hast und den vor Gott ausschüttest. Er ist ja kein Mensch, der irgendwann von dir genervt ist. Je mehr du ihn bittest, umso lieber hört er dich. Probier es aus!"
Ein Räuspern kam von der Tür.

Martin und Hans drehten sich erstaunt um. Die Beiden hatten nicht gemerkt, dass Katharina schon eine Weile dort lehnte und zugehört hatte.
„Eins habt ihr aber vergessen, ihr Herren Professoren."
Sie grinste beide an.
„In jedem Gebet sollte auch der Dank enthalten sein. Ich finde, Dankgebete sind leicht und fröhlich. Durchs Danken bekommt der Beter Mut und Freude, Gott auch alles zu sagen, was das Herz bedrückt. Ich danke am liebsten zuerst und dann schütte ich Gott mein Herz aus."
Martin sah stolz auf seine Frau. Er ging auf sie zu und zwickte ihr liebevoll in die Nase.
„Du bist und bleibst doch meine liebste und klügste Frau. Du hast absolut recht. Was haltet ihr davon, wenn wir heute Abend ins Bethaus gehen?"
Martin nannte die Wittenberger Kirche liebevoll ‚Bethaus'. Sie war Tag und Nacht geöffnet und oft kamen Menschen zum Gebet dorthin.
Auch Martin war gerne dort.
„Kommt ihr mit?"

GEBET

Herr Jesus Christus, danke, dass ich immer und überall zu dir beten darf.
Du freust dich über jede Bitte, die ich dir anvertraue.
Zeige mir an jedem Tag, wofür ich danken kann.
Denn durchs Danken kommt Freude in mein Leben.

Bittet, so wird euch gegeben. Denn wer da bittet, der empfängt. Wer ist unter euch Menschen, der seinem Sohn, wenn er ihn bittet um Brot, einen Stein biete? Wenn nun ihr, die ihr doch böse seid, dennoch euren Kindern gute Gaben geben könnt, wie viel mehr wird euer Vater im Himmel Gutes geben denen, die ihn bitten!

Matthäus 7,7a und 8a und 9 und 11

Hans und seine Eltern sahen besorgt in den Himmel.
Es zeigte sich nicht eine einzige Wolke. Sie konnten sich nicht erinnern, wann es das letzte Mal geregnet hatte.

Das Getreide auf den Feldern begann zu vertrocknen. Eine Dürrezeit kam und machte den Menschen Sorgen. Wie lange würden sie noch etwas zum Essen haben?
So manche Wittenberger Vorratskammer war schon leer.
Die Ersten waren vor Hunger schon so schwach, dass sie das Haus nicht mehr verlassen konnten.
In jedem Gottesdienst wurde um Regen gebetet. Alle, die mit beteten, wurden getröstet, wenn sich die ganze Gemeinde versammelte und die Not vor Gottes Thron legte und ihn um Hilfe bat.
Auch zu Hause flehten die Christen zu ihrem Vater im Himmel.
Katharina fächelte sich Luft zu. Martin wischte sich den Schweiß von der Stirn. „Mich bedrückt es, wenn ich überall die Not sehe. Im Garten und auf den Feldern wächst nichts. Zu kaufen gibt es auch nichts mehr."
Er stellte sich in den Flur und läutete die Glocke, die alle im Haus zusammenrief. Als ihn alle erwartungsvoll ansahen, sagte er: „Es ist allerhöchste Zeit, dass es wieder regnet. Das weiß jeder von uns. Der Einzige, der uns

geben kann, was wir brauchen, ist Gott. Ihm wollen wir mit unserem Beten in den Ohren liegen. Er will, dass aus unserem Gebet ein lautes Rufen wird, wenn wir in Not sind. Deshalb lasst uns an seine Tür klopfen und pochen und an ihr rütteln, bis er uns hört."

Martin kniete sich hin und alle folgten seinem Beispiel.

Er betete: „Herr, du hörst unsere Gebete. Du willst tun, worum wir dich bitten. So hast du es in der Bibel versprochen und daran hältst du dich. Willst du denn keinen Regen geben, obwohl wir dich schon so oft darum baten? Lieber Vater, wenn du nicht hilfst, dann werden die, die dich nicht lieb haben, sagen: ‚Christus lügt, wenn er sagt: ‚Was ihr den Vater bitten werdet in meinem Namen, das wird er euch geben.' Lass nicht zu, dass sie über dich und deinen Sohn spotten. Du siehst, dass wir vor dir knien und seufzen und uns nach deiner Hilfe sehnen. Wir bitten dich darum im Namen Jesus Christus!"

Kaum jemand konnte in der folgenden Nacht schlafen, so schwül war es. Doch wie unfassbar groß war die Freude, als leise Tropfen an der Scheibe zu hören waren!

Martin und Katharina sprangen aus dem Bett und umarmten sich vor lauter Freude.

Ein feiner, guter, lang anhaltender Regen belebte die Erde und machte die Menschen glücklich.

GEBET

Herr, danke, dass du immer das richtige Wetter machst.

Danke, dass du so für die Menschen sorgst und ihnen Essen und Trinken schenkst. Wind und Wolken, Sonne und Regen stehen in deiner Hand.

Ich freue mich über den Sonnenschein und die Regentropfen!

Die Menschen lachen, wenn es warm ist. Sie freuen sich, wenn es schneit.

Danke, dass du uns dadurch deine Liebe zeigst.

BIBELSTELLE

Da sprach Mose zum Volk: Fürchtet euch nicht. Der Herr wird für euch streiten, und ihr werdet stille sein. Und die Israeliten gingen hinein mitten ins Meer auf dem Trockenen, und das Wasser war ihnen eine Mauer zur Rechten und zur Linken. Und die Ägypter folgten und zogen hinein ihnen nach, alle Rosse des Pharao, seine Wagen und Männer, mitten ins Meer. Aber der Herr sprach zu Mose: Recke deine Hand aus über das Meer, dass das Wasser wiederkomme und herfalle über die Ägypter, über ihre Wagen und Männer. So errettete der Herr an jenem Tage Israel aus der Ägypter Hand.

2. Mose 14,13a und 14 und 22 und 23 und 26 und 30

„Das ist meine absolute Lieblingsgeschichte aus der Bibel!"
Pauls Augen strahlten.
„Was die Fische wohl gedacht haben, als da plötzlich eine Mauer aus Wasser war? Vielleicht: ‚Huch?! Da ging es doch eben noch weiter?!'"
Paul kicherte. Seine große Schwester schmunzelte auch, rieb sich dabei aber an der Nase, wie sie es immer machte, wenn sie überlegte.
„Magdalena", fragte Paul, „woran denkst du?"
„Ich denke, dass die Israeliten damals etwas ganz Wichtiges gelernt haben. Sie erlebten Gott so mächtig, dass sie ihn über alles fürchteten. Nicht aus Angst. Sondern weil sie Ehrfurcht vor seiner Allmacht hatten. Wie ein Kind, das sich sicher fühlt, weil es weiß, dass jemand bei ihm ist, der immer einen Ausweg kennt. Sie haben ihn voller Liebe erlebt, weil er sie behutsam geführt hat. Denkt doch nur – sie gingen durchs Meer und keiner bekam nasse Füße! Mutter hätte alle gewarnt: ‚Ihr liegt alle am nächsten Tag mit einer Erkältung im Bett.'"
Katharina nickte zustimmend.

Doch Magdalena redete schon weiter. „Aber Gott hat keinen Stress gemacht. Er hat nicht gehetzt: ‚Los! Los! Beeilt euch!' Sondern behütet und geborgen kamen sie am anderen Ufer an. Dafür liebten die Israeliten ihn über alles. Und sie vertrauten ihm über alles."
Martin hob mal wieder seinen Zeigefinger, wie er es gerne tat, wenn er was zu sagen hatte.
„Hat jemand von euch gehört, dass Magdalena eben etwas aus dem Kleinen Katechismus erwähnt hat?"
Die anderen sahen sich ratlos an.
Martin half ein bisschen: „Wir sollen Gott über …?" Schon riefen alle im Chor: „ … alle Dinge fürchten, lieben und vertrauen!"
„Ja", stimmte der Vater zu. „Das Volk Israel hat Gott an diesem Tag über alle Dinge gefürchtet, geliebt und vertraut. Magdalena, da hast du uns heute etwas Wichtiges gelehrt. Danke!"
Am Abend schrieb Martin seinem Freund Philipp einen Brief, weil der viele Sorgen hatte.
Er schrieb: „Das hat mir Magdalena heute beigebracht: ‚Wir sollen Gott über alle Dinge vertrauen!' Philipp, du machst dir Sorgen, weil du nicht weißt, wie Gott dir helfen wird. Mose hat das damals auch nicht gewusst. Trotzdem führte er alle Israeliten durch das Rote Meer. Wenn er das nicht getan hätte, würden die Israeliten heute noch Pyramiden in Ägypten bauen. Gott stärke dein Vertrauen in Ihn, Philipp. Wenn du den hast, kann dir nichts und niemand Schaden antun."

GEBET

Herr Jesus Christus, danke, dass du mein allmächtiger Freund bist.
Hilf mir dabei, dich in Ehrfurcht zu lieben und dir über alles zu vertrauen.

BIBELSTELLE

Gott ist die Liebe; und wer in der Liebe bleibt, der bleibt in Gott und Gott in ihm. Lasst uns lieben, denn er hat uns zuerst geliebt.

1. Johannes 4,16b und 19

Martin hatte sich mit dem Nachbarn gestritten.
Tölpel, der Hund der Familie Luther, hatte Jagd auf die Katze des Nachbarn gemacht und dabei den Garten nebenan verwüstet.
Martin hatte einen guten Vorschlag: „Nutzen Sie doch die Situation und graben Sie den Garten um."
Da donnerte der Nachbar los: „Sie glauben doch wohl nicht, dass Sie mir Vorschriften machen können! Nur weil Sie ab und an mal auf der Kanzel der Stadtkirche stehen, haben Sie noch lange nicht das Recht, hier den Lehrer rauszukehren!"
Martin holte gerade Luft, um entsprechend zu antworten, da fiel ihm ein: ‚Gott ist die Liebe. Er hat auch deinen Nachbarn lieb.'
So pflückte Martin in aller Ruhe ein kleines Sträußchen Nelken, die am Zaun wuchsen und schnupperte behaglich daran, während der andere, noch erboster über Martins Ruhe, immer weiter schimpfte.
Der Streit war bis ins Kloster zu hören.
Katharina hatte Mitleid mit dem Nachbarn. Sie würde sich auch ärgern, wenn ihr liebevoll gepflegter Garten so aussähe wie der von drüben.
Deshalb eilte sie in die Vorratskammer und legte einige Blätterteigtaschen, die mit Datteln gefüllt waren, auf einen Teller. Die würde sie jetzt den Männern anbieten.
‚Hoffentlich beruhigen sich die Gemüter dadurch ein bisschen', dachte sie.
Und tatsächlich – als der Nachbar Katharina kommen sah und das leckere Gebäck erblickte, verzog sich der Zorn ein wenig.

Nachdem Katharina mit ein paar netten Worten vom Streitthema abgelenkt hatte, nahm sie Martin die Nelken ab und ging wieder ins Haus. Sie hatte die Blumen gerade in eine kleine Vase gestellt, da kam Martin schon herein.

„So schnell?", fragte Katharina.

„Ja, du Friedensstifterin. Als wir gemeinsam deinen Anti-Streit-Kuchen aßen, kamen wir überein, dass unsere Familie am Samstag rübergeht und bei der Gartenpflege hilft."

Paul saß schon die ganze Zeit am Tisch und hörte zu. Er war am Malen.

Martin beugte sich über das Kunstwerk seines Sohnes.

„Paul, du hast einen großen Ofen gemalt, in dem ein Herz brennt. Woher hast du diese Idee?"

„Naja, ich habe euren Streit gehört und dachte, dass es bei Gott keinen Streit gibt, weil er die Liebe ist. Und dann fing ich an zu malen …"

Martin nahm das Blatt in die Hand. „Das wärmende Feuer erfüllt den ganzen Himmel und die ganze Erde. Das ist großartig! Genauso ist Gottes Liebe!"

Paul erklärte: „Gott ist wie ein Feuer", er zeigte auf das Herz im Ofen.

„Dieses Feuer brennt aus Liebe und hört nie auf zu brennen. Jeder soll sich von dieser Liebe anstecken lassen und sie an andere weitergeben."

GEBET

Herr Jesus Christus, so oft gerate ich in Streit mit jemandem.

Bitte hilf mir, dem anderen mit Liebe zu begegnen.

Danke, dass du mich lieb hast und deine Liebe niemals aufhört.

Gastfrei zu sein vergesst nicht; denn dadurch haben einige ohne ihr Wissen Engel beherbergt. Hebräer 13,2

Katharina konnte sich nicht entscheiden: Wo sollte sie den Tisch decken? Es war so schönes Wetter! Also unter dem schattigen Birnbaum im Hof. Aber dort wird es in der Mittagszeit trotz Schatten sehr warm.
Also doch lieber in der großen Familienstube? Die war im oberen Stockwerk.
Der kranke Ritter Taubenheim, der sich eine Zeit lang hier gesund pflegen ließ, würde nur schwer die Treppe hochkommen.
Dann blieb noch der schöne Lutherbrunnen. Der plätscherte so gemütlich vor sich hin. Es wehte immer eine frische, leichte Brise, wenn man sich daneben niederließ.
Sie seufzte. Wenn ihr doch nur ab und an jemand die Entscheidung abnehmen könnte!
„Wolf!", rief Katharina. Dieser junge Mann war schon viele Jahre bei Familie Luther angestellt. Er half überall: In der Küche, in den Ställen, in der Scheune, er machte Botengänge, er schrieb Briefe, half bei der Ernte …
Da kam er auch schon um die Ecke.
„Wolf, sei so gut und hilf mir, den Tisch zu decken."
„Die Tische sind schon aufgestellt", antwortete er. „Unterm Birnbaum ist es herrlich!"
Katharina nickte ihm dankbar zu. „Wie viel Leute sind wir denn heute beim Mittagessen?"
Sie fing an, mit den Fingern zu zählen. „6 Neffen, 3 Nichten, 7 Studenten, wir selber sind 7, Helfer haben wir zur Zeit 6, dann Ritter Taubenheim, außerdem brachte Martin noch einen arbeitslosen Pastor mit – den Namen weiß ich gar nicht – unsere Freunde Georg und Justus, in einer halben Stunde

wird noch die Fürstin Elisabeth erwartet, im Garten wartet noch eine arme Frau, die gerade klopfte und um ein Stück Brot bat. Ich habe ihr angeboten, mit uns zu essen. Wie viele sind das jetzt? Ich habe vergessen mitzuzählen."
Doch Wolf hatte aufgepasst. „35!", sagte er und machte sich schon auf den Weg. Da zog jemand an Katharinas Schürze.
„Mutter", Martin sah zu seiner Mutter hoch. „Und wer von denen ist der Engel?"
„Wie kommst du denn da drauf?", fragte Katharina und gab ihm einen Stups auf die Nase.
„Vater hat mal gesagt, wir sollen nie einen Menschen wegschicken, der Hunger hat oder ein Quartier braucht. Es könnte sein, dass es ein Engel ist. Meinst du, dass hier schon mal einer übernachtet hat?"
Er lugte um die Ecke ins Gästezimmer, wo ein neu bezogenes Bett stand. Die Mutter lächelte.
„Ich glaube nicht, dass ein Engel es zulässt, dass man ihn erkennt. Manchmal vermute ich etwas …"
Martin nickte. „Das ist Gottes Geheimnis, ne?"
„Ja, es ist sein Geheimnis, zu wem er seine Engel schickt. Sie sind seine Diener und tun, was er ihnen befiehlt."
„Mutter, darf ich beim Essen neben dir sitzen? Ich will mir die 28 genau angucken, denn wir 7 sind bestimmt keine Engel."

GEBET

Herr Jesus Christus, du versorgst mich so reichlich, dass ich anderen davon abgeben kann. Hilf mir, niemanden abzuweisen.
Danke für mein Zuhause. Jeder soll mir willkommen sein.
Lass mich immer ein offenes Herz für andere haben.
Auch deine Engel sollen sich wohlfühlen bei mir.

BIBELSTELLE

Und der Diener (Gehasi) des Mannes Gottes (Elisa) stand früh auf und trat heraus, und siehe, da lag ein Heer (der Aramäer) um die Stadt mit Rossen und Wagen. Da sprach sein Diener zu ihm: O weh, mein Herr! Was sollen wir nun tun? Er sprach: Fürchte dich nicht, denn derer sind mehr, die bei uns sind, als derer, die bei ihnen sind! Und Elisa betete und sprach: Herr, öffne ihm die Augen, dass er sehe! Da öffnete der Herr dem Diener die Augen und er sah, und siehe, da war der Berg voll feuriger Rosse und Wagen um Elisa her.

2. Könige 6,15–17

Der Vater klappte die Bibel zu.

Sein Blick fiel auf Martin, der mit großen Augen um sich herum sah.

„Vater", flüsterte er, „sind immer so viel Engel um uns rum?"

„Das weiß ich nicht.", antwortete der Vater. „Ich weiß nur, dass es mehr Engel gibt, als Menschen auf der Erde leben."

Martins Augen wurden noch größer. „Ehrlich?"

„Na klar", mischte sich Paul ein. „Wenn jeder Mensch einen Engel hat, der auf ihn aufpasst und gleichzeitig viele vor Gottes Thron stehen und ihn loben, dann ist das doch logisch, oder?"

Paul sah die anderen an und suchte nach Zustimmung.

„Du Mathe-Genie", sagte Katharina. „Dann rechne mal weiter. In der Bibel steht: ‚Tausendmal Tausende dienten ihm, und zehntausendmal Zehntausende standen vor Gott.' Wie viele Engel sind das?"

Paul legte die Stirn in Falten. „1000 x 1000 sind …"

„Eine Million", half Hans, der große Bruder. „Plus 10.000 x 10.000 … macht zusammen 101 Millionen!" Hans nickte stolz, während Paul die Schultern zuckte.

Der Vater ergriff wieder das Wort. „Gut gerechnet! Aber in der Bibel wird anders gerechnet. Dort sind solche Zahlen gleichzusetzen mit ‚unendlich'. Es gibt unendlich viele Engel, mehr als wir uns vorstellen oder ausrechnen könnten."

Martin war zum Stuhl des Vaters gegangen.

„Dann brauche ich nie wieder Angst zu haben. Das finde ich gut."

Zufrieden kletterte er auf den Schoß.

„Ja", meinte der Vater. „Das stimmt. Wenn ich Hilfe brauche, will ich lieber einen Engel um mich haben, als 24 Kaiser und Könige mit all ihrer Macht und Gewalt. Auch wenn die 1 Million Gewehre bei sich hätten, ist das alles doch gar nichts gegen einen Engel."

„Dann herrscht Gott nicht nur über die Welt, in der wir leben und die wir sehen, sondern auch über die unsichtbare Welt, in der die Engel leben?"

Hans wollte es genau wissen.

„Richtig!", freute sich der Vater. „Gott ist Herr der himmlischen Heerscharen. Er hat allerhand zu tun. Denn obwohl Jesus den Teufel schon längst besiegt hat, macht dieser immer wieder Ärger. Er will einfach nicht einsehen, dass er verloren hat."

GEBET

Danke, himmlischer Vater, dass die Engel auf mich aufpassen und eingreifen, wenn es nötig ist. Sie helfen und behüten.

Das weiß ich, auch wenn ich es nicht sehen kann.

Sie sind bei mir, weil du es ihnen sagst.

Dafür danke ich dir.

Ein Freund liebt allezeit. Sprüche 17,17a

„Mutter, wer ist das da draußen?"

Magdalena drückte sich die Nase an der Scheibe platt. „Den habe ich hier noch nie gesehen."

Sie klopfte aufgeregt mit dem Zeigefinger ans Fenster.

„Vater begrüßt den so herzlich … Jetzt umarmen sie sich …"

Sie drehte sich zu Katharina um. „Kennst du den?"

Die Mutter war schon zur Tür gegangen und öffnete sie weit.

„Johannes! Dass du endlich einmal den Weg zu uns gefunden hast! Wie schön, dich zu sehen!"

Katharina bekam einen Kuss auf die Wange. Magdalena war entsetzt. Durfte der das? Sie sah hilfesuchend zu ihrem Vater.

Der löste endlich das Rätsel.

„Magdalena, darf ich vorstellen? Dies ist mein Freund Johannes Reinicke. Unsere Eltern wohnten auf zwei nebeneinander liegenden Höfen. Wir sind als Nachbarn groß geworden und zusammen zur Schule gegangen."

Martin drehte sich zu seinem Freund.

„Johannes, darf ich vorstellen? Das ist meine Tochter Magdalena."

Der Besucher gab ihr die Hand.

Martin erklärte weiter: „Wir waren gute Kameraden und hatten viel Spaß miteinander. Jeder konnte sich auf den anderen verlassen. Erst waren wir Nachbarn, dann sind wir Freunde geworden."

Er wandte sich wieder Johannes zu. „Komm, wir haben uns viel zu erzählen."

Den ganzen Tag hörte Magdalena die beiden Freunde mit Katharina reden und lachen.

Die Sonne schien und Magdalena schlüpfte zur Tür hinaus.

Am Abend klopfte es heftig an der Tür.
Draußen stand Frau Ries, die Nachbarin, mit der zitternden Magdalena an der Hand.
Martin hatte die Tür geöffnet. „Was ist passiert?"
Frau Ries fragte zurück: „Haben Sie denn die Rufe nicht gehört?"
„Nein", antwortete Martin, „wir waren so ins Gespräch vertieft."
Er streckte Magdalena die Arme entgegen. „Schatz, was war denn los?"
Er winkte der Nachbarin, hereinzukommen und schloss die Tür.
Magdalena berichtete stockend: „Ich habe mit meiner Katze gespielt und auf einmal sprang sie weg und jagte einer Maus hinterher, die sie auf dem Dach des Kuhstalls entdeckt hatte. Ich wartete, dass sie mir die Maus vor die Füße legen würde. Aber dann hörte ich ihr Miauen vom Dach. Sie war mit einer Pfote zwischen kaputte Dachschindeln gerutscht und kam alleine nicht mehr raus. Da bin ich über die Wassertonne raufgeklettert, um sie zu retten. Ich schaffte es mit ihr auf dem Arm nicht mehr runter. Darum fing ich an zu rufen. Aber niemand hörte mich. Als es langsam dunkel wurde, bekam ich Angst und weinte. Irgendwann legte jemand die Leiter ans Dach und herauf kam Frau Ries. Sie hat mir geholfen und mich zu euch gebracht."
Die Eltern bedankten sich überschwänglich bei der Nachbarin und baten sie, noch ein Glas Wein mit ihnen zu trinken.
„Seht ihr", sagte Martin, als alle beisammen saßen, „so versorgt uns Gott mit treuen Freunden und guten Nachbarn. Das sind große Geschenke unseres Vaters im Himmel."

GEBET

Herr Jesus Christus, danke, dass du mir Freunde schenkst und dass ich nette Nachbarn habe. Hilf mir, selber ein guter Freund und Nachbar zu sein.

Seht die Vögel unter dem Himmel an: sie säen nicht, sie ernten nicht, sie sammeln nicht in die Scheunen; und euer himmlischer Vater ernährt sie doch. Seid ihr denn nicht viel mehr als sie?

Matthäus 6,26

Martin saß vor seinem Schreibtisch und sah aus dem Fenster.
Er konnte direkt in die Baumkrone der Linde schauen, die vor seinem Arbeitszimmer wuchs.
Er fuhr sich mit beiden Händen durchs Haar und holte tief Luft.
‚Mich packen die Sorgen und lassen mich nicht los: Ich werde eine Zeit lang verreisen müssen. Wird es dem Kaiser gelingen, mich auf dieser Reise gefangen zu nehmen? Falls ja, was passiert mit Katharina und den Kindern, wenn ich im Gefängnis sein sollte? Ich wage gar nicht, daran zu denken, wie es weitergeht.'

Das Herz wurde Martin schwer.
In diesem Moment flog ein kleiner Vogel von einem Ast zum anderen. Er saß dort und sang fröhlich vor sich hin.
Martin dachte: ‚Du kleiner Vogel. Du bist ein guter Lehrer. Ich muss ehrlich gestehen, dass ich nicht kann, was du kannst. Du schläfst die Nacht über in deinem warmen Nest – ganz ohne Sorge. Am Morgen stehst du wieder auf, bist fröhlich und guter Dinge, setzt dich auf einen Baum, singst, lobst und dankst Gott. Danach suchst du deine Nahrung und findest sie. Ich schaffe es nicht, dir das nachzumachen. Obwohl ich doch Grund genug habe, zu singen, zu loben und zu danken.'

Zwei kleine Hände schoben ein Tablett mit Traubensaft und Käsebroten auf den Schreibtisch.
Überrascht rutschte Martin zur Seite.
Paul hatte ihm eine Erfrischung gebracht. Gerade wollte der Vater sich bedanken, da sah er Pauls Finger auf den Lippen.
„Pssst, Vater, da draußen nistet ein Vogelpärchen. Sieh nur: Die Vogeleltern fliegen hin und her, um ihre Jungen zu füttern. Es ist so schön zuzugucken. Sie wissen, dass unser Garten voller guter Dinge ist, die Gott ihnen gibt. Das ist so, als würde Gott ihnen den Tisch decken, nicht wahr?"
Martin strich Paul über die Haare und dachte bei sich: ‚Die Vögel wissen es. Mein Sohn weiß es. Warum traue ich Gott nicht zu, dass er mir helfen wird?" Martin sagte: „Da kann ich noch eine Menge von dir und den Vögeln lernen. Mir stellt mein Vater im Himmel den gefüllten Teller direkt vor die Nase" – er zeigte auf das Tablett – „und doch muss er auf meinen Dank warten, weil ich immer wieder Sorge habe, dass mir oder euch etwas fehlen könnte."
Paul nahm seinen Vater bei der Hand und zog ihn ans Fenster.
„Siehst du, was Gott da draußen ganz groß für dich hingeschrieben hat?"
Martin schüttelte ratlos den Kopf.
„MARTIN LUTHER, SIEH NUR, WIE LIEB ICH DICH HABE!"
Als Paul das gesagt hatte, kniete sich der Vater hin und nahm seinen Sohn in die Arme.
„Danke, Paul, vielen, vielen Dank. Das hat mich sehr getröstet."

GEBET

Lieber Vater im Himmel,
du hast uns die Vögel als gutes Beispiel gegeben.
Danke, dass ich durch sie an deine Liebe und Fürsorge erinnert werde.

Und als der Tau weg war, siehe, da lag's in der Wüste rund und klein wie Reif auf der Erde. Und als es die Israeliten sahen, sprachen sie untereinander: Man hu? (d.h. Was ist das?) Denn sie wussten nicht, was es war. Mose aber sprach zu ihnen: Es ist das Brot, das euch der Herr zu essen gegeben hat. Das ist's aber, was der Herr geboten hat: Ein jeder sammle, soviel er zum Essen braucht. Niemand lasse etwas davon übrig bis zum nächsten Morgen. Aber sie gehorchten Mose nicht. Und etliche ließen davon übrig bis zum nächsten Morgen; da wurde es voller Würmer und stinkend. Und Mose wurde zornig auf sie. 2. Mose 16,14–16a und 19b–20

„Iiiiiih!", ekelte sich Magdalena. „Würmer!"
Hans sah das lockerer.
„Die sind doch selbst schuld. Hätte sich das Volk Israel an Gottes Anweisung gehalten, wäre das nicht passiert. Er hat für ihr tägliches Brot gesorgt, als sie in der Wüste unterwegs waren. Und die tun so, als würde Gott morgen nicht mehr an sie denken und legen sich einen Vorrat an. War doch gar nicht nötig."
Katharina meinte dazu: „Ja, das wundert mich auch. Warum waren die Israeliten nicht dankbar? Sie wussten doch ganz genau, wer es war, der ihnen alles gab, was sie zum Leben brauchten. Stattdessen haben sie gemurrt und waren unzufrieden. Dabei hätte sich Gott so gefreut, wenn sie auch mal danke gesagt hätten."
Sie schaute zu Martin: „Du siehst so aus, als wolltest du auch was sagen."
Der Vater nickte.
„Sind die Menschen heute anders? Wer betet noch vor oder nach dem Essen? Die meisten schlingen gedankenlos ihr Essen runter. Wir Christen wissen: Wenn Gott nicht dafür sorgte, würde kein einziges Korn in der

Ähre wachsen. Jeder Bauer würde umsonst auf seine Felder gehen, in der Hoffnung, eine gute Ernte zu bekommen. Darum ist das Tischgebet so wichtig. Wir geben Gott damit die Ehre und erkennen, dass seine Allmacht so groß ist, dass er alles erschaffen kann."

Magdalena lächelte: „Ich stelle mir immer vor, dass Gott im Himmel lacht, wenn er sieht, dass wir uns freuen und ihm danke sagen. Ich habe ihm neulich für meine neuen Schuhe gedankt. Und für den Sonnenschein. Denn dann konnte ich gleich mit meinen neuen Schuhen rausgehen, ohne dass sie nass wurden." Martin freute sich mit.

„Über die Sonne freuen sich auch die, denen Gott egal ist. Was ist das für ein liebevoller Vater, der seinen Kindern das schöne, warme Sonnenlicht schenkt, obwohl sie nichts mit ihm zu tun haben wollen? Er ist so gütig und freundlich. Er schenkt ihnen ein Zuhause und gute Gesundheit. Und das alles, ohne dass sie darum gebeten hätten. Gott ist ein wunderbarer Vater!"

GEBET

Lieber Vater im Himmel,
du lässt die Sonne und den Mond scheinen und ich freue mich darüber.
Du lässt die bunten Blumen blühen und ich staune über die Farbenpracht.
Du schenkst mir mein Zuhause, gibst mir Kleidung und Essen.
Ich habe eine Familie und gute Freunde.
Für das alles danke ich dir.

Denn wo euer Schatz ist, da wird auch euer Herz sein. Lukas 12,34

Katharina machte ein sorgenvolles Gesicht, während sie durchs Hinterzimmer ging. Sie näherte sich einem Holzschrank und öffnete die Türen. Vor ihr standen silberne Becher, kunstvolle Uhren, Schmuck, ein reich verzierter Pokal, wertvolle Ringe und eine Ansammlung von Münzen.
Das waren alles Geschenke von wohlhabenden Menschen. Ihre Augen glitten suchend über die Regalfächer.
‚Das gibt's doch nicht', dachte sie, ‚es fehlt das Diadem der Herzogin Elisabeth!'
Sie machte auf den Hacken kehrt und flitzte durch den Flur.
„Martin!", rief sie. Martin kam kauend aus der Küche. Er hatte dem Geruch von frisch gebackenem Zwiebelbrot nicht widerstehen können.
„Hmmmm, ist das lecker. Du bist doch die beste Bäckerin aus Wittenberg! Aber was ist geschehen? Du bist ja ganz außer Atem."

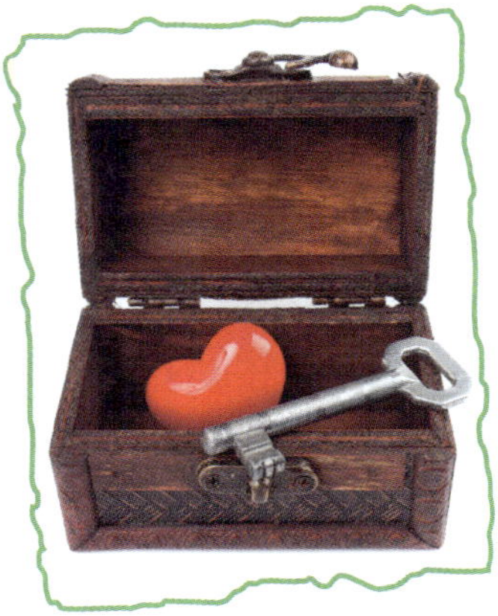

Katharina stemmte die Hände in die Hüften und stellte sich vor Martin hin. „Was ist mit dem Diadem der Herzogin Elisabeth geschehen? Es ist nicht mehr im Schrank!"
„Äh, tja …" druckste Martin herum. „Also: Du weißt doch, dass unsere Küchenfee Dorothea heiraten wird. Ich dachte mir, dass dieses wunderschöne Diadem genau das richtige Hochzeitsgeschenk sei."
„Das kann sein, aber über ein schönes Bild mit unserem Heiland drauf hätte sich Dorothea auch gefreut. Außerdem brauchen wir selber alle diese Dinge, die wir für Geld verkaufen können. Das weißt du ganz genau. Unsere Haushaltskasse für diesen Monat ist so gut wie leer. Und es

ist erst der 16.! Du kannst doch nicht immer wieder was verschenken. Vorgestern war es der Obdachlose, dem du mal eben einen wertvollen Ring gabst. Ich wollte ihm gerade einen Teller mit geschmierten Broten hinstellen, da war er auf und davon. Wie soll ich jeden Tag so viele Menschen satt kriegen, wenn ich kein Geld mehr habe? Hör auf mit deiner Verschenkerei!"

Katharinas Schimpfen prasselte auf Martins Gewissen. Er schaute verlegen auf den Boden. Gerade setzte er mit seiner Verteidigung an, da hob sie abwehrend ihre Hände.

„Ich weiß, ich weiß, ich weiß: Ich soll mein Herz nicht an diese Dinge hängen. Sonst werden sie mir wichtiger als Gott. Aber wenn sie mir wichtig wären, dann würde ich sie für jeden sichtbar an die schönsten Stellen unseres Hauses stellen. Aber so ist es nicht."

Martin nahm seine Frau in den Arm.

„Dann sind wir beide ja eine gute Kombination: Du brauchst diese Dinge, um deine Lieben zu versorgen und ich, um Menschen damit zu beschenken. Wir beide tun das, weil Jesus in unserem Herzen wohnt. Wir greifen einfach beide in diesen Schrank. Jeder von uns auf seine Weise. Gott wird dafür sorgen, dass wir auch in diesem Monat nicht verhungern werden."

Katharina lehnte sich an Martin und seufzte.

„Du hast ja Recht, aber ich musste einfach mal schimpfen. Sonst wäre ich geplatzt."

GEBET

Lieber Gott, hilf mir, sparsam zu sein.
Aber auch dabei, gerne abzugeben von dem, was ich habe.
Ich möchte nach deinem Willen leben und dir Freude machen.
Dabei hilf mir bitte.

Was wahrhaftig ist, darauf seid bedacht. Philipper 4,8

Verstummen sollen die Lügenmäuler. Psalm 31,19a

Martin saß in seinem Sessel und hielt ein Buch in den Händen. Er lachte laut. „Der Simon, dieser Gauner. Er will unbedingt, dass die Leute schlecht von uns denken. Jetzt versucht er es mit Lästern und Lügen, die er in dieses Buch geschrieben hat."

Katharina hatte das Lachen gehört. Sie kam angelaufen und zog sich einen Stuhl neben Martin.

„Lies' vor! Was schreibt er denn über uns?"

Martin schmunzelte. „Also … Hier steht zum Beispiel, du wärst geizig und herrschsüchtig."

Katharina schlug entrüstet mit der Hand auf die Sessellehne.

„Das gibt's doch nicht. Darüber lachst du auch noch?"

Martin hielt ihre Hand fest. „Reg' dich nicht auf. Das ist doch alles gelogen. Wir werden gar nicht darauf reagieren."

Katharina stimmte ihm zu. „Du hast Recht."

Sie stand auf und kehrte zu den Kindern zurück, die noch beim Mittagessen saßen.

Noch bevor sie an den Tisch herantrat, konnte sie hören, wie Paul zu Hans sagte: „Rede dich nicht heraus. Ich habe mein Taschenmesser in deinem Zimmer gefunden. Gib endlich zu, dass du es genommen hast."

Hans entgegnete: „Ich sage dir doch: Florian war das."

Florian wollte gerade aufbrausen, da mischte sich Katharina ein.

„Paul, bist du wirklich sicher? Könnte es nicht sein, dass dein Messer auf einem ganz anderen Weg in Hans' Zimmer gekommen ist? Urteile nicht so vorschnell."

Die Mutter wandte sich an ihren Ältesten. „Hans, ist dir klar, dass du Florians guten Ruf als ehrlicher Junge verdirbst, falls es nicht stimmt, was du sagst?"
Hans entgegnete zerknirscht: „So weit habe ich nicht gedacht."
Katharina erklärte: „Wenn Gott uns in der Bibel erklärt, dass wir die Wahrheit sagen sollen, dann ist das Thema Lügen damit nicht erledigt. Es bedeutet auch, dass wir über andere Menschen Gutes reden sollen, sogar dann, wenn sie mal einen Fehler machen. Also, was habt ihr euch zu sagen?"
Paul fiel es leichter, den Anfang zu machen.
„Hans, ich weiß ja, wie sehr du mein Messer magst. Entschuldige, dass ich dich gleich so böse angegriffen habe. Ich hätte es dir auch einfach öfter ausleihen können."
Da konnte Hans nicht anders, als auch seinen Fehler einzugestehen.
„Du hast das beste Taschenmesser von uns allen. Ich bin wirklich neidisch darauf und wollte es einfach behalten. Verzeih mir bitte."
Florian drehte sich zu seinem Cousin um. „Hans, du kannst am besten von uns allen schnitzen. Ich kann verstehen, dass du auch ein gutes Taschenmesser haben möchtest. Aber stehlen ist nicht die richtige Lösung."
Die drei Jungs gaben sich die Hände und Katharina nahm sich vor, Hans zum nächsten Geburtstag ein richtig gutes Schnitzmesser zu schenken.

GEBET

Herr Jesus Christus, hilf mir, dass ich keine Lügen verbreite und an jedem Tag bei der Wahrheit bleibe.

Ihr werdet traurig sein, doch eure Traurigkeit soll in Freude verwandelt werden. Johannes 16,20b

Martin hatte einen anstrengenden Tag hinter sich. Er hatte mit seinem Freund Georg zusammengesessen. Sie waren die ganze Zeit mit der Übersetzung der Bibel beschäftigt gewesen und nun brummte Martin der Kopf, als er nach Hause kam.

In der Küche war noch Licht zu sehen. Als er hereinkam, sah er Paul vor einem Blatt Papier sitzen. Er hatte einen Stift in der Hand und zeichnete lauter Striche und Punkte.

Interessiert kam Martin näher. Er legte seinem Sohn die Hand auf den Rücken. Voller Gedanken drehte sich Paul um.

„Was machst du hier?", fragte Martin.

„Ich male, wie es mir geht.", antwortete Paul.

Der Vater schaute neugierig auf den Zettel.

Paul zeigte auf einen der Striche. „Das bin ich – auf meinem Weg von einem Tag zum anderen. Aber das bin ich auch!"

Pauls Zeigefinger landete auf einem dicken, schwarzen Punkt.

„Wenn ich traurig bin, dann fühle ich mich so." Der Finger klopfte ein paar Mal auf den Punkt.

„Dann denke ich, dass meine Füße nicht einen Schritt mehr laufen können, dass es keinen Weg gibt, wieder fröhlich zu sein."

Paul ließ den Kopf sinken und fügte leise hinzu: „So fühle ich mich, seit Großmutter gestorben ist."

Martin tat das Herz weh. Auch er vermisste seine Mutter sehr.

„Aber dann, Vater, habe ich gemerkt, dass Gott mein Leben anders sieht. Und das ist so."

Paul zeigte auf einen Strich mit einem Punkt mittendrauf.

Martin hörte aufmerksam zu, während Paul weiter erklärte.

„Hier stehe ich gerade und sehe kein Ende der Traurigkeit. Gott will aber, dass ich nur eine kurze Zeit bekümmert bin. Das ist für ihn wie ein kleiner Punkt und er möchte nicht, dass ich diesen Punkt größer und größer mache und die Traurigkeit immer mit mir rumschleppe. Verstehst du, Vater?"

Jetzt war auch Martin klar geworden, was Paul meinte.

Er nickte und antwortete: „Du hast etwas herausgefunden, was in der Bibel steht. Da heißt es: ‚Unsere Traurigkeit dauert eine kleine Zeit und sie ist leicht.' Du hast erkannt, dass Gott es besser weiß und dir auch wieder eine Zeit der Freude und Fröhlichkeit geben wird. Das wollen wir auch Mutter und den anderen sagen, die vermissen Großmutter auch!"

GEBET

Herr Jesus Christus, danke dass du nie schläfst,
sondern mich Tag und Nacht behütest.
Danke für dein Versprechen, meine Probleme und Traurigkeit mitzutragen.
Danke, dass ich bei dir geborgen bin. Ich lobe dich dafür.

BIBELSTELLE

‚Du sollst deinen Vater und deine Mutter ehren, wie dir der Herr, dein Gott, geboten hat, auf dass du lange lebest und dir's wohlgehe in dem Lande, das dir der Herr, dein Gott, geben wird. 5. Mose 5,16

Margarete stampfte mit dem Fuß auf.
„Ich sehe gar nicht ein, dass ich jetzt auch noch staubwischen soll. Den ganzen Vormittag habe ich schon geholfen. Soll Mutter das doch selber tun. Als ob der Staub irgendjemanden stört. Nur sie selber achtet darauf."
Paul saß daneben und hörte mitfühlend zu. Er hatte einen kleinen Sack mit Murmeln auf dem Schoß. Margarete hatte auch welche. Sie wollten gerade anfangen mit Tauschen, da wurden sie durch die Mutter gestört. Katharina war hereingekommen und hatte ihre Tochter zum Staubwischen aufgefordert.
Margarete ärgerte sich. „Die glaubt doch wohl nicht, dass sie mich herumkommandieren kann. Ich lasse mir gar nichts sagen. Komm, Paul, wir gehen in den Garten."
Mit einer kämpferischen Miene ging sie zur Tür. Sie lief gegen ihren Vater. Martin hatte gehört, was seine Tochter vorhatte und stellte sich ihr in den Weg. „Margarete, wenn deine Mutter dich um etwas bittet, dann tu das. Sie sorgt den lieben, langen Tag für dich und uns alle, da kannst du ihr ruhig den Gefallen tun, um den sie dich bat."
Auf das, was er nun von seiner Tochter zu hören bekam, war Martin nicht gefasst gewesen.
Sie entgegnete: „Du hast dazu gar nichts zu sagen, Vater. Du warst deinen Eltern auch nicht gehorsam. Sie wollten, dass du Anwalt oder Richter wirst. Das berichtete Großvater erst neulich. Du aber wolltest Pastor werden und hast das auch gemacht, obwohl deine Eltern nicht damit einverstanden waren. Also erzähl mir nichts von gehorsam sein und Eltern ehren."

Sie drängte sich an Martin vorbei und lief die Treppe runter.

Der Vater sah ihr nachdenklich hinterher.

Dann drehte er sich zu Paul um.

„Gib mir bitte Margaretes Murmelsack und dann komm mit in den Garten." Beide gingen schweigend hinunter.

Als sie Margarete fanden, setzten sie sich zu ihr.

Martin schaute sich ihre Murmeln an. „Du hast wirklich schöne Stücke dabei." Er sah hoch. „Und du hast es absolut verdient, ein bisschen Pause zu machen und in Ruhe mit Paul zu tauschen. Ich werde Mutter Bescheid geben, dass du nachher ihrer Bitte nachkommst. In Ordnung?"

Margarete grollte noch immer und schwieg.

Martin sprach weiter: „Was du vorhin angesprochen hast… Da gab es jemandem, dem ich mehr als den Eltern gehorchen musste. Das war Gott. Sagt Gott dir, dass du nicht Staub zu wischen brauchst?"

„Nein." Margarete musste wider Willen schmunzeln. Aber sie konnte ihrem Vater nicht in die Augen sehen. Es war ihr peinlich, was sie über ihre Eltern gesagt hatte.

Leise hörte Martin ihre Stimme: „Vater, … vergibst du mir?"

Er nahm ihre Hand und streichelte sie.

GEBET

Lieber Vater im Himmel, danke für meine Eltern.

Ich habe sie lieb und möchte ihnen gehorchen und Freude machen.

Hilf mir dabei.

Ihr habt gehört, dass gesagt ist: „Du sollst nicht töten."
Ich aber sage euch: Wer zu seinem Bruder sagt: Du Narr!, der ist des höllischen Feuers schuldig. Matthäus 5,21a und 22b

Martin ließ die Zeitung sinken und schüttelte den Kopf. Das durfte doch nicht wahr sein! Hörte das denn nie auf?

Fast täglich waren Berichte zu lesen, dass Bauern gegeneinander stritten und kämpften. Sie konnten sich nicht einigen, wer wann wo jagen, fischen und Bäume fällen durfte. Die Streitereien gingen jedes Mal bis aufs Blut. Nicht selten kamen dabei Menschen ums Leben.

Auf der zweiten Seite oben stand:

MESSERHELD ZUM 11. MAL VERURTEILT!

Weiter unten war zu lesen:

FRISEUR ERSTICHT EIGENEN SCHWIEGERSOHN!

Martin dachte: ‚Gott weiß, wie böse die Menschen sein können. Deshalb hat er das Gebot *„Du sollst nicht töten!"* wie einen Schutzwall um die Menschen gestellt, um ihre Gesundheit und ihr Leben zu schützen.'

Er wurde in seinen Gedanken gestört.

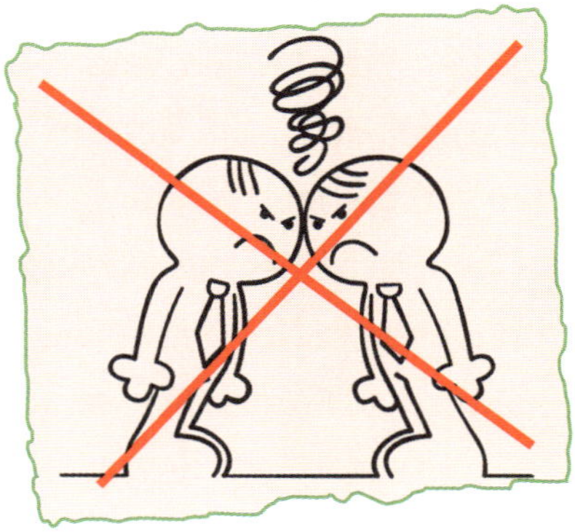

„Lass mich endlich in Ruhe. Ich hasse dich. Du bist so ein Blödmann!"

Der Vater sah durchs Fenster. Martin stieß wütend seinen Bruder gegen die Scheunenwand. Paul hatte sich dabei den Kopf gestoßen und blutete an der Stirn.

‚Anscheinend hat jeder Mensch einen Kampfhund in sich wohnen.', überlegte der Vater. ‚Wehe, wenn der gereizt wird. Dann erwacht das Böse, bricht heraus und richtet Schaden an. Da ist die Familie Luther auch nicht anders.'

Er ging hinaus auf den Hof und sah gerade noch, wie Martin im Stall verschwand. Paul kauerte an der Scheunenwand und weinte. Er drückte sein Taschentuch auf die Wunde. Das Blut lief ihm ins Auge.
Der Vater sah vorsichtig nach.
„Das sieht schlimmer aus als es ist. Mutter wird die Wunde säubern und macht dir einen ordentlichen Kopfverband. Wenn alles fertig ist, bekommst du ein Stückchen Zucker."
Pauls Schluchzen wurde weniger, als der Vater ihn an der Hand nahm und zum Haus führte.
Katharina kam den Beiden schon entgegen. Als sich Paul an den Hals der Mutter schmiegte, drehte sich der Vater um und ging in den Stall.
Martin war auf den Heuboden geklettert. Der Vater stieg die Leiter hoch.
„Hast du dich wieder beruhigt?"
Martin zuckte die Schultern und sah in die andere Richtung. Der Vater setzte sich neben ihn ins Heu.
„Wusstest du, dass es für Gott keinen Unterschied macht, ob du deinen Bruder hasst oder ob ein Mensch getötet wird?"
Martin sah seinen Vater erschrocken an.
„Aber ich wollte Paul doch nicht weh tun. Und schon gar nicht will ich, dass er stirbt. Ehrlich, Vater!"
„Das weiß ich. Aber denk in Zukunft daran, dass Gott nicht nur das Töten verabscheut, sondern auch den Hass und sogar alle lieblosen Worte. Er freut sich über das Gegenteil: Wenn wir unseren Mitmenschen helfen und ihnen in Not beistehen. Sogar dann, wenn sie uns geärgert haben, so wie dein Bruder dich gerade."

GEBET

Herr Jesus Christus, vergib mir alle lieblosen Worte und alle bösen Gedanken. Hilf mir dabei, Gutes über andere Menschen zu reden, auch wenn ich sie nicht mag.
Danke für deine große Geduld mit mir.

BIBELSTELLE

Freue dich an der Frau deiner Jugend. Sie ist lieblich wie eine Gazelle und holdselig wie ein Reh. Lass dich von ihrer Anmut allezeit sättigen und ergötze dich allewege an ihrer Liebe.
Sprüche 5,18b und 19

Die Kinder grinsten.
„Mutter … eine Gazelle?!?" Hans sprach aus, was alle dachten.
Auch Martin und Katharina schmunzelten.
„Gazelle hin oder her. Auf jeden Fall sehe ich mir eure Mutter sehr gerne an. Das war am Anfang unserer Ehe so und so ist es immer noch."
Martin gab Katharina einen Kuss. Er erzählte weiter.
„Die Ehe ist das festeste Band zwischen zwei Menschen. Wir haben uns vor Gott Liebe und Treue für das ganze Leben geschworen und Gott hat uns zusammengefügt. Mit dem Gebot *„Du sollst nicht ehebrechen."* hat er deutlich gemacht, dass er keine Scheidung will."
Magdalena interessierte noch was anderes: „Erzählt doch mal! Wie war das, als ihr euch kennengelernt habt?"

„Dafür bin ich zuständig!“, sagte Katharina und war schon begeistert bei der Sache. „Als ich 24 war, verliebte ich mich in einen hübschen, jungen und reichen Mann. Er hieß Hieronymus. Ich war überzeugt, dass wir heiraten würden. Aber er entschied sich dann doch für eine andere. Das tat damals ganz schön weh. Ich hatte lange daran zu knapsen. In dieser Zeit erschien ein freundlicher junger Mann namens Blickart. Er wollte unbedingt mein Herz erobern. Aber ich hatte die Sache mit Hieronymus noch nicht überwunden. Dann warb ein angesehener Mann, ein Dr. Glatz um mich. Den wollte ich nicht heiraten. Er schien mir nicht sehr liebevoll zu sein. Aber er ließ nicht locker. Darum wandte ich mich an einen Freund von eurem Vater und bat ihn um Hilfe. Ich fühlte mich zu dieser Heirat gezwungen. Der ärgerte sich, dass ich deswegen zu ihm gekommen war und fragte mich: ‚Ist Ihnen denn ein Doktor, Professor oder Pastor nicht gut genug zum Heiraten?‘ Da habe ich mutig geantwortet: ‚Wenn Doktor Martin Luther mich zur Ehefrau haben möchte, würde ich nicht ‚nein‘ sagen.‘“
Katharina lehnte sich an Martin. Er erzählte weiter.
„Ich hatte schon einige Zeit zu Gott um eine Ehefrau gebetet. Viele Freunde und auch mein Vater hatten gesagt, dass es gut für mich sei zu heiraten. Dann hörte ich von Katharina. Ich war erst skeptisch, aber dann lernte ich sie mehr und mehr kennen und fand, dass wir gut zueinander passen würden. Dann ging alles so seinen Gang …“
Magdalena beschwerte sich: „Ihr könnt doch jetzt nicht einfach aufhören. Wie ging es weiter?“
Martin antwortete: „Heute ist dazu leider keine Zeit mehr. Aber morgen erzählen Mutter und ich gerne weiter, nicht wahr?“
Er drückte sie an sich.
„Nur so viel noch für heute: Eure Mutter ist mir wichtiger als alles andere auf der Welt. Ich habe eine fromme und treue Frau, auf die ich mich verlassen kann. Ich danke Gott, dass er mir das Geschenk der Ehe gemacht hat.“

GEBET

Herr Jesus Christus, bitte behüte alle verheirateten Paare.
Gib ihnen Liebe und die Bereitschaft, füreinander da zu sein.
Lass nicht zu, dass die Ehen, die du geschlossen hast, kaputt gehen.

BIBELSTELLE

Gott schuf den Menschen zu seinem Bilde, zum Bilde Gottes schuf er ihn; und schuf sie als Mann und Frau. Und Gott segnete sie und sprach zu ihnen: Seid fruchtbar und mehret euch und füllet die Erde und machet sie euch untertan. 1. Mose 1,27 und 28a

Gleich am nächsten Tag, schon beim Frühstück, wollten die Kinder die weitere Liebesgeschichte ihrer Eltern hören.
Weil es ein Samstag war, hatten Martin und Katharina ein bisschen mehr Ruhe dafür.
Martin fuhr also fort: „Ich war damals schon 41 Jahre alt und wollte nicht mehr viel Zeit verlieren. Deshalb hat es nicht lange gedauert und ich habe mich auf den Weg gemacht. Eure Mutter wohnte damals bei Familie Reichenbach, denn ihre Eltern waren beide schon gestorben. Ich hatte meine schicksten Sachen an. Als ich dann vor ihr stand, habe ich sie gefragt, ob sie mich heiraten möchte." Katharina unterbrach ihn: „Ich hatte von meinem Zimmer aus zufällig gehört, wie er im Flur mit den Reichenbachs sprach und hielt das alles für einen Scherz. Aber als er dann vor mir stand und mich mit schönen Worten um die Ehe bat, habe ich gleich ‚ja' gesagt.

So, wie es damals üblich war, wurde sofort die Verlobung mit einem einfachen Abendessen gefeiert. Und dann klopfte es." Martin erzählte weiter: „Ich hatte meinen Freund Johannes Bugenhagen, der auch Pastor ist, gebeten, etwas später ebenfalls zu den Reichenbachs zu kommen."
Katharina fiel ihm ins Wort. „Als der in den Raum trat, in dem wir gerade aßen, wusste ich, was dann kam. Da wurde mir echt mulmig zumute."
Magdalena fragte. „Aber wieso denn? Was hatte das zu bedeuten?"
Der Vater erklärte: „Früher musste man noch nicht zum Standesamt, um zu heiraten. Deshalb hatte ich mir gewünscht, falls eure Mutter meinen Heiratsantrag annehmen sollte, auch sofort zu heiraten. Wir gingen also in die gute Stube der Reichenbachs, die schon den Wohnzimmertisch zu einem Altar gestaltet hatten, mit Kreuz, Kerzen und Blumen. Dann fragte Johannes mich, ob ich die Braut zur Frau nehmen wolle und eure Mutter wurde gefragt, ob sie den Bräutigam zum Ehemann nehmen wolle. Wir haben beide laut und deutlich ‚ja' gesagt. Dann wurden wir mit Gebet und Segen vor Gott zusammengegeben. Damit waren wir ein Ehepaar. Es war damals üblich, dass man zwei Wochen später zum ersten Mal gemeinsam in den Gottesdienst ging. Damit haben wir öffentlich bekannt gegeben, dass wir nun zusammengehören. Danach wurde ein festlicher Hochzeitsschmaus gehalten, zu dem wir viele Gäste eingeladen hatten. Das war ein fröhlicher Tag. Und ich sage euch: Mit der Zeit haben wir uns immer mehr lieb gewonnen."

Hans war da skeptisch: „Mit der Zeit habt ihr doch aber auch eure Fehler immer mehr kennen gelernt. Und trotzdem ist eure Liebe gewachsen? Das kann ich mir gar nicht vorstellen."
Katharina zog ihren Ältesten liebevoll am Ohr.
„Das ist ein neues Thema. Dazu erzählen wir euch morgen weiter."

GEBET

Herr Jesus Christus, hilf dabei, dass Menschen sich lieb haben, auch wenn sie die Fehler des anderen kennen.
Sei du bei jeder Ehe dabei, um zu helfen.

BIBELSTELLE

Die Liebe ist langmütig und freundlich, die Liebe eifert nicht, die Liebe treibt nicht Mutwillen, sie bläht sich nicht auf, sie verhält sich nicht ungehörig, sie sucht nicht das Ihre, sie lässt sich nicht erbittern, sie rechnet das Böse nicht zu, sie freut sich nicht über die Ungerechtigkeit, sie freut sich aber an der Wahrheit; sie erträgt alles, sie glaubt alles, sie hofft alles, sie duldet alles. 1. Korinther 13,4–7

Hans trommelte am nächsten Tag, einem Sonntag, nach dem Mittagessen ungeduldig mit den Fingern auf den Tisch.
„Nun aber mal ehrlich: Welche Fehler habt ihr am anderen festgestellt und wie funktioniert das, dass man sich trotzdem lieb hat?"

Der Vater begann: „Bei der Hochzeit war ich 41 Jahre alt und eure Mutter 26. Ich glaube, dass ich am Anfang nicht einsah, dass diese junge Frau neben mir nun auch was zu sagen hat. Ja, zugegeben, bei uns lief am Anfang nicht alles glatt. Ich hatte schon eine ganze Zeit hier im schwarzen Kloster alleine gelebt, manchmal mit einem Freund zusammen. Und nun kam Katharina und hatte plötzlich das Sagen hier im Haus. Das war mir anfangs gar nicht recht. Aber wir haben viel über diese Dinge gesprochen. Mit der Zeit merkte ich, dass es mir viel besser ging mit eurer Mutter an meiner Seite. Sie hatte immer ein Auge darauf, dass es mir gut ging. So sehr hatte ich noch nicht mal für mich selber gesorgt."
Katharina ergänzte: „Ich war in der ersten Zeit unserer Ehe erstaunt, wie jähzornig euer Vater bei den geringsten Anlässen sein konnte."
Martin verteidigte sich: „Nun mach mich nicht so schlecht. Du kannst dafür ein ganz schöner Dickkopf sein."
Katharina lenkte ein: „Wir haben eben beide unsere Fehler. Aber unserer Liebe tut das keinen Schaden an."
Sie drehte sich zu den Kindern und meinte: „Mein Leben wurde an der Seite eures Vaters viel fröhlicher. Er singt gerne und viel und kann wunderschön auf der Laute spielen. Er ist ein lustiger Mensch. Auch wenn er mal heftig wird, weiß ich, dass er im Grunde seines Herzens ein gutmütiger Mann ist. Dazu kommt: Es hatte mir schon immer gefallen, dass er sich gut und sorgfältig kleidet. Ohne mit der Kleidung angeben zu wollen."
„So, so", Martin sah auf seinen Sonntagsanzug. „Dann magst du mich heute ja besonders gerne ansehen."
Katharina lachte.
„Viel wichtiger als das ist doch, dass die Liebe zu Gott und seinem Wort uns am meisten verbindet."

„Das stimmt," pflichtete Martin bei. „Durch den Glauben an unseren Herrn und Heiland ist unsere Liebe gewachsen. Wir haben uns lieb gewonnen dabei."

Dann fuhr er fort: „Wenn es euch wichtig ist, dann könnt ihr nach eurer Konfirmation anfangen, Gott um einen Ehepartner zu bitten. Vertraut darauf, dass Gott euch einen passenden Menschen zeigen wird."

Hans gefiel diese Idee gut.

GEBET

Lieber Vater im Himmel, hilf dabei, dass wir in der Familie miteinander reden, wenn es Probleme gibt. Danke, dass uns der Glaube an dich vereint.

BIBELSTELLE

Wer gestohlen hat, der stehle nicht mehr, sondern arbeite und schaffe mit eigenen Händen das nötige Gut. Epheser 4,28a

Katharina zählte halblaut vor sich hin: „... 23, 24, 25. Zum dritten Mal. Es sind tatsächlich nur 25. Es fehlen fünf."

Verunsichert sah sie auf das Besteck in ihrer Hand. Sie schüttelte den Kopf und schloss die Schublade. „Letzte Woche war es Schmuck, davor waren es Tischdecken ... immer wieder verschwindet etwas. Sollte es etwa ...?"

Entschlossen drehte sie sich um und rief streng: „Rosina!"

Nach kurzer Zeit huschte ein Schatten an der Tür vorbei. Es klimperte verdächtig. Wie der Wind war Katharina im Flur und sah um die Ecke.

Im Halbdunkel blinkte es aus Rosinas Schürzentasche.
„Zeig mir, was du in der Tasche hast!"

Langsam kam eine Hand mit einem dicken Bündel von Messern, Gabeln und Löffeln aus Silber zum Vorschein.
Katharina war fassungslos.
„Du klopfst als Unbekannte an unsere Tür und erzählst, dass du keine Eltern mehr hast, auch keine anderen Verwandten, dass du von den Leuten, für die du gearbeitet hast, geschlagen wurdest und dass du bei uns Unterschlupf finden möchtest … und nun klaust du?!"
Rosina flehte: „Frau Luther, bitte, seien Sie mir nicht böse. Irgendwann möchte ich es auch einmal so schön haben, wie Sie hier. Und Sie haben doch so viel von allem. Aber ich weiß: Das ist kein Grund, Sie zu bestehlen. Es tut mir leid."
Ihre Stimme wurde immer leiser. Der Kopf sank.
Da bekam Katharina Mitleid und sie schickte Rosina in die Küche, um Kartoffeln zu schälen. Dort gab es nicht viel zu stehlen.
Abends sprach sie mit Martin darüber. Sie wurden sich einig, Rosina noch eine letzte Chance zu geben.
Doch sie hatten nicht an die Vorratskammer direkt neben der Küche gedacht. Am nächsten Tag fehlten geräucherte Würste und mehrere Flaschen Wein. Beides wurde in Rosinas Zimmer entdeckt.
Ein paar Stunden später musste Rosina das schwarze Kloster verlassen.
Martin erklärte seinen Kindern: „Kennt ihr die Geschichte von dem Hund, der mit einem Stück Fleisch im Maul ins Wasser springt? Als er so vor sich

hinschwimmt, entdeckt er sein Spiegelbild im Wasser. Er weiß natürlich nicht, was ein Spiegelbild ist. Er sieht sein Stück Fleisch auf der Wasseroberfläche und will das auch noch haben. Er schnappt gierig danach. Und dabei verliert er sein leckeres Fressen. Wisst ihr, so war das bei Rosina. Sie hatte bei uns alles, was sie brauchte. Aber sie wollte immer mehr. Nun hat sie nichts, außer dem, was wir ihr mitgegeben haben: ein wenig Geld, Essen für einige Tage und ein bisschen Kleidung."

GEBET

Lieber Vater im Himmel, du versorgst mich mit allem, was ich brauche.
Dafür danke ich dir.
Gib mir Zufriedenheit mit dem, was ich habe.
Pass auf mich auf, dass ich anderen nichts wegnehme, weil ich es selber gerne hätte – egal, ob es große oder kleine Dinge sind.
Hilf mir, immer ehrlich zu sein.

BIBELSTELLE

(Paulus schreibt:) Ich habe euch in allem gezeigt, dass man so arbeiten und sich der Schwachen annehmen muss im Gedenken an das Wort des Herrn Jesus, der selbst gesagt hat: Geben ist seliger als nehmen. Apostelgeschichte 20,35

Das, was mit Rosina passiert war, ließ die Familie Luther noch einige Zeit nicht los.

Mittlerweile war bekannt geworden, dass sie von Stadt zu Stadt und von einer Pastorenfamilie zur nächsten gezogen war und sich die Geschichte immer wiederholt hatte.

Martins Kinder sollten wissen, dass für Gott nicht nur derjenige ein Dieb ist, der anderen etwas wegnimmt.

Deshalb sagte der Vater: „Du sollst nicht stehlen. So steht es in der Bibel. Aber Gott meint damit nicht nur Diebstahl. Das will ich euch erklären: Wenn ich in einem Restaurant etwas zu trinken bestelle und der Kellner bringt ein Glas, das nicht voll ist, ich bezahle aber ein volles Glas, dann wurde ich bestohlen. Oder wenn du, Hans, ein interessantes Buch auf dem Flohmarkt kaufen möchtest, es dir aber zu teuer ist und du machst absichtlich heimlich Eselsohren rein, zeigst es dem Verkäufer und sagst: ‚Dafür zahle ich nicht so viel.' und er lässt sich darauf ein, dann hast du den Verkäufer bestohlen."

Hans verteidigte sich: „Das habe ich noch nie getan, Vater."

„Das weiß ich.", entgegnete der Vater und legte ihm die Hand auf die Schulter. „Es soll ja auch nur ein Beispiel sein."

Er stützte sich auf den Tisch, um seine Kinder besser ansehen zu können. „Gott setzt sogar noch eins oben drauf: Statt Dinge wegzunehmen, sollen wir helfen, dass unsere Mitmenschen ihr Eigentum behalten."

Beim Reden fiel sein Blick auf die Wohnzimmerlampe. „Ich glaube es ja nicht!" Er zeigte nach oben. „Schon wieder ist die Lampe kaputt! Da ist ein Stück rausgebrochen und hier ist ein Sprung im Glas."
Er nahm vorsichtig den Lampenschirm ab und strich mit dem Finger über die defekten Stellen.
„Menschen, die aus Faulheit oder bösem Willen das Eigentum anderer kaputt machen, stehlen auch."
Martin nahm den Leuchter von der Decke und legte ihn vorsichtig auf den Tisch.
Schmunzelnd meinte er: „Ich bestelle jetzt einfach eine unzerbrechliche Lampe. Und eine, die sich selbst putzen kann. Dann kann nichts mehr schief gehen." Alle lachten.
Aber Katharina dachte noch immer an Rosina.
„Auch wenn wir mit Rosina schlechte Erfahrungen gemacht haben, dürfen wir jetzt trotzdem nicht sagen: ‚Wir geben niemandem mehr etwas, der an unsere Tür klopft.' Wir werden auch zu Dieben, wenn wir nicht geben, was einer braucht, obwohl wir helfen könnten. Glaubt mir: Wir können gar nicht so viel geben, dass wir dabei arm werden. Im Gegenteil."

GEBET

Lieber Vater im Himmel, danke, dass es mir so gut geht.
Hilf mir, dass ich nicht stehle oder betrüge.
Lass mich auch vorsichtig mit dem umgehen, was anderen gehört.
Schenk mir offene Augen und Ohren für das, was andere brauchen.

BIBELSTELLE

Ich bin der Herr, dein Gott. Du sollst dir kein Bildnis noch irgendein Gleichnis machen, weder von dem, was oben im Himmel, noch von dem, was unten auf Erden, noch von dem, was unter der Erde ist.

2. Mose 20,2a und 4

Magdalena und Hans gingen gemeinsam im Wald spazieren. Dabei diskutierten sie. Daran hatten sie schon immer ihre Freude gehabt. Viel zu selten war die Gelegenheit dafür da. Sie genossen es, auch mal ohne den Rest der Familie Zeit miteinander zu verbringen.

Magdalena fragte ihren Bruder: „Wie stellst du dir Gott vor? Ist Gott wie ein alter Mann mit einem langen weißen Bart und wohnt auf einer Wolke, weit weg von den Menschen?"

Hans zuckte die Schultern. „Meinst du wirklich? So weit weg? Ist er nicht eher wie ein gemütlicher dicker Mann, der viel lacht und immer ein Auge zudrückt, wenn wir was falsch machen?"

Magdalena kickte einen Tannenzapfen über den Weg.

„Nee. Wenn ich was falsch mache und Gott lang und breit erklären will, dass ich eigentlich gar nicht schuld bin, dann kommt mir Gott wie ein Richter vor, der mit dem Hammer auf den Tisch haut und sagt: ‚Magdalena, Ruhe in meinem Gerichtssaal!"

Hans lachte bei dieser Vorstellung.

„Wie gut, dass wir uns darüber keine Gedanken machen müssen. Schließlich sollen wir uns kein Bild von Gott machen. Es gibt nichts im Himmel, im Wasser oder auf der Erde, was ihm ähnelt. Das wird eine große Überraschung für uns sein, wenn wir ihm am Jüngsten Tag zum ersten Mal gegenüber stehen werden. Wenn ich daran denke, werde ich ganz aufgeregt."

Hans blieb stehen und pflückte ein paar Blaubeeren.

„Willst du auch ein paar?"

Die Schwester nickte begeistert und beide stopften sich die leckeren Früchte in den Mund. Schmausend hielten sie eine Pause und hingen den eigenen Gedanken nach.

Magdalena fing wieder an: „Weißt du, Hans, ich denke viel über Gott nach. Wenn ich dann sehe, was alles in der Welt geschieht, dann vermute ich manchmal, Gott hatte gerade Langeweile, als er den Himmel, die Erde und die Menschen schuf. Dann hat er sich umgedreht und ist weggegangen. Er interessiert sich nicht mehr für uns."

Ihre Stimme war immer leiser geworden. Hans legte den Arm um seine Schwester.

„Ich verstehe dich. Aber ich habe auch anderes erlebt. Manchmal, wenn ich traurig bin und bete, dann fühle ich mich plötzlich so getröstet, wie ich es nur kenne, wenn Mutter mich in ihre Arme nimmt. Aber es ist keiner da. Dann weiß ich: Gott ist bei mir."

Magdalena sah ihren Bruder dankbar an.

„Komm, wir lassen unsere schweren Gedanken im Wald und nehmen dafür ein paar Beeren mit nach Hause. Dann freuen sich die anderen."

Sie sammelten noch einiges in Magdalenas Schürze hinein und machten sich dann langsam wieder auf den Rückweg.

GEBET

Lieber Vater im Himmel, ich weiß nicht, wie du aussiehst und wo du wohnst.
Aber ich weiß, dass du mich immer siehst und auf mich aufpasst.
Du kennst alle meine Gedanken, Sorgen und Wünsche.
Danke, dass du mich lieb hast.

BIBELSTELLE

Ich bin der allmächtige Gott; wandle vor mir und sei fromm. Und ich will meinen Bund zwischen mir und dir schließen.

1. Mose 17,1b und 2a

Zu Hause angekommen, schüttete Magdalena ihre Schürze auf dem Küchentisch aus. Der Duft der Heidelbeeren breitete sich aus. Schon wurden die anderen angelockt.

„Oh, wie lecker!" Ruck zuck wurden die Früchte weggenascht.

„Halt, halt, halt!" Magdalena hielt ihre Hände schützend vor den letzten Rest. „Das bringe ich zu Vater. Der soll auch was abhaben."

Umsichtig sammelte sie Martins Lieblingsobst in ein Schälchen, spülte es mit Wasser ab und schüttete ein wenig Milch darüber. Sie wusste, was er mochte. Mit beschwingten Schritten ging sie zum Turmzimmer, in dem Martin arbeitete. Leise öffnete sie die Tür.

„Ich habe hier eine kleine Überraschung für dich."

Der Vater sah von seiner Arbeit auf. Das Lächeln, das Magdalena an ihrem Vater so liebte, machte sich auf seinem Gesicht breit, als sein Blick auf die Schale in Magdalenas Händen fiel.

„Wie lieb von dir! Was für eine schöne Unterbrechung! Das wird mir gut tun. Hast du die mit Hans gesammelt? Ich habe euch beide vorhin losgehen sehen."

Magdalena nickte nur und freute sich, dass es dem Vater so gut schmeckte.

„Na? Über was habt ihr beiden gesprochen? Ich weiß doch, dass ihr gerne miteinander redet."

Magdalena schob Martins Bücher zur Seite, setzte sich auf den Schreibtisch und baumelte mit den Beinen.

„Darüber, wie wir uns Gott vorstellen."

Sie sah ihren Vater an. „Was ist denn deine Vorstellung von Gott?"

Martin schlürfte die Milch aus und stellte die Schale weg. Er dachte nach. Dann sagte er: „Meine liebste Vorstellung ist die vom Vater, der ein Kind auf seinem Schoß sitzen hat. Um ihn herum spielen andere und zu seinen Füßen sitzt auch noch eins. Das eine erzählt ihm was und er hört zu. Das andere hat Fragen und er antwortet. Das nächste genießt es einfach, in der Nähe des Vaters zu sein."

Magdalena antwortete schelmisch: „Ich genieße es auch gerade, in der Nähe meines Vaters zu sein."

Sie wurde wieder ernst. „Erzähle! Wie stellst du dir Gott noch vor?"

Martin nickte.

„Wenn mich manchmal der Mut verlässt, dann tut es mir gut, mir Gott als König vorzustellen, der die Welt regiert. Sein Königreich ist die ganze Welt. Er ist der Herrscher. Er kann in einer Hand alle Berge der Welt wiegen. Er kann den ganzen Himmel zwischen seinem Daumen und Zeigefinger abmessen. Diese Majestät ist mein bester Freund. Das tut gut. Weißt du, ich möchte so viel ändern. Ich kann mich furchtbar ärgern, wenn etwas nicht klappt, weil die anderen nicht so wollen, wie ich will. Irgendwann lehne ich mich dann zurück und denke: ‚Gott, du regierst die Welt. Ich habe genug gekämpft, jetzt überlasse ich dir das Feld. Wenn auch nicht alles so wird, wie ich es am liebsten hätte, dann wird es auf jeden Fall so, wie du es willst. Und das ist das Beste.'"

GEBET

Herr, du König der Welt, danke, dass du mein bester Freund sein willst.
Es ist gut, dass du an meiner Seite bist. Ich werde nicht mutlos, weil du da bist.

BIBELSTELLE

Eins aber sei euch nicht verborgen, ihr Lieben, dass ein Tag vor dem Herrn wie tausend Jahre ist und tausend Jahre wie ein Tag.

2. Petrus 3,8

Martin zog sich eine Jacke über.

„Habt ihr Lust, mit mir spazieren zu gehen?"

Hans und Magdalena schauten sich erstaunt an.

Es kam öfter vor, dass der Vater nach dem Mittagessen einen Spaziergang machte. Meistens wollte er dabei alleine sein. Aber heute gingen sie gerne mit. So brauchten sie wenigstens nicht in der Küche mithelfen. Nachdem sie Wittenberg verlassen hatten und einen Pfad in den Wald hineingegangen waren, dauerte es nicht lange, bis der Vater auf einen liegenden Baumstamm zeigte.

„Kommt mal mit!"

Er stellte sich an das Ende des Stammes, an dem die Wurzeln gewesen waren. Seine Beine berührten das Holz.

„Stellt euch am anderen Ende auf, mir gegenüber."

Die Geschwister waren es gewohnt, dass der Vater seltsame Einfälle hatte und stellten sich wie gewünscht auf.

„Jetzt schaut zu mir. Könnt ihr gleichzeitig das Ende des Stammes sehen, an dem ihr steht?"

Die Kinder sahen zu ihrem Vater rüber und schüttelten den Kopf.

„Nun guckt runter und seht auf eure Füße. Könnt ihr mich jetzt sehen?"

Wieder verneinten sie und waren gespannt, was als Nächstes kommen würde. Der Vater ging jetzt zur Mitte des Baumes. Er winkte Hans und Magdalena heran.

„Kommt, stellt euch auf die andere Seite! Wenn ihr euch nur auf die Mitte des Stammes konzentriert und eure Augen nicht bewegt, könnt ihr dann trotzdem rechts und links die Enden des Baums sehen?"

Beide probierten es aus.

„Ja!" Hans war begeistert. „Mein Blickwinkel ist so groß, dass ich den ganzen Stamm sehen kann!"

„Und was sagt uns das jetzt, Vater?" Magdalena wusste, dass er nichts ohne Grund tat. Sie sah erwartungsvoll zu ihm.

Martin freute sich, dass er die Aufmerksamkeit seiner Kinder hatte und erklärte: „Bei Gott ist es auch so. Er sieht alles, was auf der Welt jemals geschah und noch geschehen wird, auf einmal. Es gibt bei ihm kein früher oder später. Vor seinen Augen geschieht alles gleichzeitig. Gott braucht keine Zeitrechnung, wie wir sie haben: Erst kommt der 1. Januar, dann der 2., der 3. usw. Deshalb sind vor ihm 1000 Jahre wie ein Tag und ein Tag wie 1000 Jahre. Darum ist ihm der allererste Mensch, den es auf der Erde gab, nämlich Adam, genauso nah wie der letzte Mensch, der an dem Tag leben wird, an dem Jesus Christus wieder kommt."

Begeistert sah Martin seine Kinder an.

„Versteht ihr, was ich meine?"

„Ja", erkannte Hans. „Das sagt mir, dass Gott der Herr über die Zeit ist. Dann ist er auch Herr über meine Zeit. Dann weiß Gott am besten, wann was in meinem Leben wichtig ist, z.B. wann ich mit dem Studium beginnen werde, wann ich heirate usw. … Das ist großartig!"

GEBET

Herr, meine Zeit steht in deinen Händen.
Du gibst mir Geborgenheit an jedem neuen Tag.
Danke, dass deine Liebe zu mir ewig ist.

BIBELSTELLE

Ich liege und schlafe ganz mit Frieden, denn allein du, Herr, hilfst mir, dass ich sicher wohne. Psalm 4,9

Paul und Martin lagen in ihren Betten. Sie teilten sich ein Zimmer und liebten es, vor dem Einschlafen noch ein wenig miteinander zu flüstern.
„Hast du auch Angst vor morgen? Ich glaube nicht, dass ich genug gelernt habe." Paul zog sich die Bettdecke unters Kinn und seufzte.
Martin streckte sich genüsslich und gähnte. „Nö, wieso sollte ich Angst haben? Ich habe mir beim Üben für die Klassenarbeit wirklich Mühe gegeben. Was dann dabei herauskommt, ist gut wie es ist."
Die beiden Brüder plauderten leise weiter, bis Martin nicht mehr antwortete, weil er eingeschlafen war.
Paul wälzte sich noch lange schlaflos in seinem Bett hin und her. Er horchte auf den Atem des Bruders. Der schlief wunderbar tief und ruhig.
Als Paul nicht mehr wusste, was er machen sollte, weckte er Martin.
Der fragte erstaunt: „Warum schläfst du denn nicht?"
„Ich fürchte, irgendetwas wird morgen schief gehen, wenn ich vor der Arbeit sitze."
„Paul", sagte Martin, „ich stelle dir jetzt ein paar Fragen: Hat Gott die Welt regiert, bevor du geboren wurdest?"
„Ganz bestimmt tat er das", meinte Paul.
„Und wird er sie auch weiter regieren, wenn du irgendwann mal Großvater bist und viele Enkelkinder hast?"
„Sicher wird er das."
„Dann lass ihn doch auch morgen regieren, wenn du vor deiner Klassenarbeit sitzt!" In wenigen Minuten schliefen beide tief und ruhig.

Am nächsten Morgen stand Paul früh auf und wiederholte noch einmal die Vokabeln. Als die Familie gemeinsam frühstückte, prägte er sich nebenbei die wichtigsten Grammatikregeln ein.
Plötzlich wurde ihm der Zettel vor der Nase weggezogen.
„Nun ist aber genug", sagte die Mutter. „Du warst fleißig genug und hast gut gelernt. Mach dich nicht verrückt. Wir beten gleich zusammen und legen dabei auch deine Lateinarbeit in Gottes Hände."
Paul schob den Teller zurück. „Dann lass uns bitte gleich beten, Mutter. Ich bin so aufgeregt und will unbedingt los."
Alle setzten sich an den Tisch und falteten die Hände. Jedes Kind betete für das, was ihm auf dem Herzen lag. Dann dankte die Mutter für den Schutz in der Nacht und bat um den Schutz durch Gottes heiligen Engel. „Sei besonders bei Paul. Hilf ihm bei der Klassenarbeit und segne sein fleißiges Lernen. Amen." Katharina sah ihren Kindern lange nach, als sie sich auf den Weg zur Schule machten.
Mittags wurde die Haustür stürmisch aufgestoßen.
„Mutter, Vater! Ich wusste alles, naja, fast! Aber ich konnte zu jeder Aufgabe was schreiben."
Die Eltern freuten sich mit.
„Ich habe als erster abgegeben und der Lehrer hat schon mal drüber geguckt und hat anerkennend mit dem Kopf genickt. Ich bin so erleichtert!"
„Siehst du", sagte die Mutter. „So segnet Gott die Mühe, die du dir gegeben hast."

GEBET

Herr Jesus Christus, danke, dass ich zur Schule gehen kann.
Hilf mir, fleißig und aufmerksam zu sein.
Segne und behüte meine Lehrer und Mitschüler.

BIBELSTELLE

Denn in ihm (Christus) ist alles geschaffen, was im Himmel und auf Erden ist, das Sichtbare und das Unsichtbare, es seien Throne oder Herrschaften oder Mächte oder Gewalten; es ist alles durch ihn und zu ihm geschaffen. Kolosser 1,16

Draußen zogen dunkle Wolken vorbei. Der Regen prasselte gegen die Scheiben. „Tolle Ferien", maulte Margarete.

Hans hauchte gegen das Fenster und wischte mit seinem Ärmel darüber.

Er drehte sich zu seinen Geschwistern um.

„Wenn wir schon nicht draußen kegeln können, dann lasst es uns hier drinnen machen. Ich habe ein paar kleine Kegel und Kugeln geschnitzt. Die sind für unseren Tisch geeignet. Da haben wir eine schöne Kegelbahn. Ich hole die Sachen und ihr macht schon mal den Tisch frei."

Es dauerte nicht lange, da waren alle damit beschäftigt, so viele Kegel wie möglich umzustoßen.

Als der Vater nach Hause kam, spielte er auch mit. Er liebte das Kegelspiel. Endlich stand ein Sieger fest: Paul!

Er guckte stolz in die Gegend und freute sich, dass er als Preis eine Handvoll Honigbonbons gewann.

Er ließ sich überreden und gab den anderen etwas ab.

Während jeder genussvoll lutschte, fragte Martin: „Habt ihr schon mal von Gottes Kartenspiel gehört?"

Die Kinder guckten erstaunt.

Der Vater erklärte: „Ich nenne die Weltgeschichte – also alles, was seit der Erschaffung der Erde geschehen ist: Gottes Spiel. Es besteht aus lauter Bilderkarten. Auf denen sind aber nicht Bube, Dame, König, As drauf abgebildet. Sondern es sind mächtige Menschen auf diesen Karten zu sehen: Könige und Fürsten, Politiker und Journalisten, Banker und Millionäre. Gott hält alle Karten in seinen eigenen Händen. Die einen lässt er siegen, beim nächsten Spiel gibt es einen neuen Sieger. Gott lenkt alle Völker der Erde mit großer Klugheit. So steht es in der Bibel: ‚Die Gewaltigen stößt Gott vom Stuhl. Er erhebt die Niedrigen.' Er regiert die Welt, auch wenn wir sehen, dass sich in vielen Ländern der Erde die Menschen von Gott abwenden. Es scheint, als ob Gott nicht mehr herrsche. Aber das stimmt nicht. Er lässt sich als Herrscher sehen, wenn er wieder kommt."

Als Martin sah, wie ernsthaft seine Kinder zugehört hatten, fügte er schmunzelnd hinzu, während er mit den Schultern zuckte: „Was ich allerdings nicht mit Sicherheit weiß, ist, ob Gott wirklich ein Kartenspiel im Himmel hat." Die Kinder grinsten. „Das wirst du erst im Himmel wissen. Falls ja, dann kannst du Gott ein paar andere Kartenspiele beibringen."

Da musste Martin lachen.

„Ihr Schlingel. Ich habe doch nur von den Karten erzählt, damit ihr besser versteht, was ich meine."

GEBET

Herr Gott, du regierst die Welt. Du hältst sie in deinen Händen.
Du gibst jedem Land seine Regierung. Du lenkst die Menschen.
Du lässt sie aber auch ihre eigenen Wege gehen. Trotzdem bist du Herr über alle. Halte mich an deiner Hand, bis du am Jüngsten Tag wieder kommst.

BIBELSTELLE

Denn er hat seinen Engeln befohlen, dass sie dich behüten auf allen deinen Wegen, dass sie dich auf den Händen tragen und du deinen Fuß nicht an einen Stein stoßest. Psalm 91,11 und 12

Als Martin im Wohnzimmer stand und die Uhr aufzog, kam Katharina herein. Durch das Haus zogen hämmernde und sägende Geräusche.

„Du glaubst gar nicht, wie sehr ich mich auf unser neues Kellergewölbe freue", sprach Katharina ihren Mann an.

„Endlich kann ich unsere Vorräte kühl lagern. Wir haben so viele leckere Sachen! Da freust du dich auch drüber! Gute Butter, geräucherte Würste, eingekochtes Obst und Gemüse… Wollen wir zusammen runtergehen und nachschauen, wie weit die Handwerker sind?"

„Das können wir gerne machen", antwortete Martin. „Aber lass uns zuerst ein wenig durch den Garten gehen. Es interessiert mich, was du dort alles angepflanzt hast."

Begeistert erklärte Katharina ihrem Mann, was bald zu ernten wäre und was für leckere Rezepte sie damit kochen wolle.

Martin meinte: „Lass aber die Blumen in deinem Garten nicht zu kurz kommen. Auch wenn wir sie nicht essen, bringen sie uns Freude vom bloßen Ansehen. Ob sie im Garten stehen oder auf dem Tisch. Ich liebe Blumen!"

Nachdem sie aus dem Garten gekommen waren, inspizierten sie die Baustelle, die einmal ein Keller werden sollte.

„Komm, lass uns nachschauen, wie weit die Arbeiter gekommen sind!"

Martin fasste Katharinas Hand. Hintereinander gingen sie eine Behelfstreppe aus Holzbrettern hinunter.

Vorausschauend hatten sie eine Laterne dabei, um besser sehen zu können. Mittlerweile hatten die Handwerker Feierabend gemacht. So

standen die beiden allein in der spärlich beleuchteten Dunkelheit und versuchten zu erkennen, ob die Kellerräume in naher Zeit fertig wären.
Doch so recht war nichts zu sehen, deshalb gingen sie ein paar Schritte weiter. Dabei stieß Martin an einen Stützpfeiler, der die Decke stützen sollte, solange noch keine Wände fertig waren, die einmal das Haus tragen würden. Mörtel rieselte herunter. Es knirschte aus mehreren Richtungen.
Den beiden wurde es ein wenig unheimlich.
„Komm lieber wieder mit raus", sagte Martin und wollte Katharina zur Treppe zurückziehen.
Sie konnte sich nicht so recht losreißen und kam nur zögernd mit.
„Warte doch", meinte sie. „Da vorne wird unser Brennholz gelagert werden, mit dem wir unseren Kamin ..."
Noch während sie sprach, kam eine große Menge Steine und Schutt hernieder geprasselt. Schnell rannten sie zum Ausgang.
Während sie die letzten Stufen hocheilten, kam die ganze Gewölbedecke herunter. Einzelne Brocken flogen ihnen um die Ohren. Ein Backstein landete direkt vor ihren Füßen.
Sie drehten sich erschrocken um. Eine Sandwolke kam aus der Grube und Katharina musste husten. Beide waren vor lauter Schreck völlig außer Atem. Sie klopften sich gegenseitig den Staub aus den Kleidern. Dabei merkten sie, dass sie sich nicht verletzt hatten.
Martin nahm Katharina voller Erleichterung in den Arm und betete:

GEBET

„Danke, Gott, dass du deinen Engeln befohlen hast, auf uns aufzupassen. Wir stehen unter deinem Schutz. Wir sind gesund. Nichts tut uns weh. Das verdanken wir deiner Liebe und Güte."

BIBELSTELLE

Alle eure Sorge werft auf ihn, denn er sorgt für euch. 1. Petrus 5,7

Martin stellte seine Reisetasche auf den Pferdewagen und drehte sich zu seiner Frau um.

„Auf Wiedersehen, meine liebe Katharina. Schau nicht so traurig. Ich komme wieder, sobald es geht."

Katharina hatte Tränen in den Augen.

„Hast du auch die Medikamente eingesteckt, die ich dir rausgesucht habe? Weißt du auch, wie und wann du sie einnehmen musst? Denk jeden Tag daran! Deine Krankheit ist noch gar nicht richtig ausgeheilt."

Er nahm ihre Hände in seine.

„Hör auf, dir Sorgen zu machen. Du kannst mir keine Gesundheit schenken. Mit keiner Medizin der Welt. Das kann nur unser Schöpfer. Er wird auf mich aufpassen."

Katharina nickte traurig und wischte sich mit der Schürze das Gesicht ab.

„Ich weiß, dass du recht hast. Ich kann es jetzt schon kaum abwarten, dass du zurückkommst. Dabei bist du noch nicht mal losgefahren."

Martin fühlte sich geborgen unter so viel Liebe und Fürsorge und nahm sie ein letztes Mal in die Arme.

Dann stieg er auf den Kutschbock und winkte, bis er hinter der Klostermauer verschwunden war.

Schon bald kam ein Brief von ihm an, in dem er fröhlich berichtete, wie Gott ihm Kraft für seine Arbeit schenkte.

Katharina antwortete noch am gleichen Tag.

Sie schrieb unter anderem:

Ich kann in keiner Nacht ruhig schlafen, weil ich mir so viel Sorgen um dich mache.

Der nächste Gruß, der das schwarze Kloster erreichte, lautete so:

(…) Ich danke dir herzlich, meine liebe, fürsorgliche Katharina, für deine Sorge um mich, die so groß ist, dass du nachts nicht zur Ruhe kommst. Seit du mir das geschrieben hast, sind lauter komische Dinge passiert: Ich habe meine Zimmertür in der Herberge aufgemacht und wollte gerade auf den Flur hinaustreten, da kamen mir hohe Flammen entgegen gelodert. Es war ein Feuer ausgebrochen, das zum Glück bald gelöscht werden konnte, sodass mir nichts passierte. Einen Tag später habe ich den Grafen aus Mansfeld besucht und er führte mich über seinen Gutshof. Als wir in einem Nebengebäude standen, fiel ein mächtiger Stein aus der Decke, haarscharf an meinem Kopf vorbei, der mich leicht hätte zerquetschen können. Wenn du also weiter so viel Sorgen um mich hast, dann wird mich eines Tages noch die Erde verschlingen. Bete lieber und lass zu, dass Gott sich um mich kümmert. Der kann das viel besser."

Als der Brief den Kindern vorgelesen wurde, lachten sie aus Freude und Erleichterung. Sie beteten jeden Tag um eine gesunde Heimkehr des Vaters und freuten sich von Herzen, als es endlich so weit war, dass sie ihn wieder in die Arme schließen konnten.

GEBET

Lieber Vater im Himmel, danke, dass ich mit allen meinen Sorgen zu dir kommen darf. Behüte mich und meine Familie, wenn wir unterwegs sind. Schenke immer wieder ein fröhliches und gesundes Wiedersehen, wenn einer von uns unterwegs war.

BIBELSTELLE

Und Jesus nahm zu an Weisheit, Alter und Gnade bei Gott und den Menschen. Lukas 2,52

Magdalena hatte es sich bequem gemacht.

Sie liebte es, in der Fensternische des Wohnzimmers zu sitzen und das Bild von Maria mit dem schlafenden Jesuskind auf dem Schoß anzuschauen, während leise die Uhr auf dem Bord vor sich hin tickte.

Am schönsten war es, wenn kein anderer mit im Zimmer war.

Sie lehnte sich an die Butzenscheiben, schob sich ein Kissen in den Rücken und besah sich das Gemälde genauer.

Jesus sah so zufrieden aus und lächelte im Schlaf, während seine Mutter Maria ihn liebevoll ansah und mit der Hand leise über die Stirn des Kindes strich.

‚Wie mag es mit Jesus weiter gegangen sein?', überlegte sie.

In dem Moment kam der Vater rein und suchte seine Brille. Er bemerkte seine Tochter und verlangsamte seinen Schritt. Sein Blick wanderte in die gleiche Richtung.

Leise setzte er sich in die nächste Fensternische. Beide schwiegen eine Zeit.

Dann fragte Magdalena: „Hat Jesus auch in die Windeln gemacht?"

Martin lachte laut auf. „Ja klar! Er ist 33 Jahre alt geworden und in den ganzen Jahren hat er sich so entwickelt, wie Menschen sich eben entwickeln. Auch wenn er Gottes Sohn ist, hat er ein ganz normales Leben geführt. Er ist eben auch ganz und gar Mensch. Also hat er an der Brust der Mutter getrunken, Bäuerchen gemacht und in die Windeln gedrückt. Später hat er mit anderen Kindern gespielt. Der einzige Unterschied ist, dass er früher als andere Kinder ein besonderes Wissen von Gott hatte. Er war weise für sein Alter und im Umgang mit seinen Mitmenschen war er besonders freundlich, geduldig und gnädig."

„Dann hat er zu Hause alles getan, was ihm aufgetragen wurde? Ausfegen, Wasser holen, Tisch decken...?"

Magdalena war sich da nicht so sicher.

„Ja, das hat er. Und er war gerne mit Menschen zusammen. Deswegen wird seine Mutter oft gefragt haben: ‚Wo bist du nur wieder gewesen, Jesus? Du sollst doch dem Vater helfen.' Das hat er dann getan."

Magdalena versuchte sich das vorzustellen.

„Er hat gegessen, getrunken, geschlafen, er ist aufgewacht, war auch mal erschöpft oder traurig und dann wieder fröhlich, er hat geweint und gelacht, er fror, hat auch geschwitzt, er hat gearbeitet und gebetet, mit anderen geschwatzt... Irgendwie komisch, so an meinen Heiland zu denken, aber irgendwie auch richtig toll. Wenn ich damals gelebt hätte, hätte er bestimmt auch mit mir in der Schule geredet und nachmittags hätten wir zusammen gespielt."

Martin nickte und wurde ernst.

„Jesus wusste aber auch, dass er für die Menschen sterben musste. Davor hatte er Angst. Wie jeder Mensch es gehabt hätte. Er ist aber nicht weggelaufen, sondern hat unsere Erlösung erkämpft, indem er den Teufel besiegte und vom Tod auferstand. Das konnte nur er und kein anderer. Er ist eben auch Gott."

GEBET

Herr Jesus Christus, ich danke dir, dass du ein Kind wie ich geworden bist. Ich danke dir, dass du als erwachsener Mann deinem Vater im Himmel gehorsam warst und mir den Weg ins Paradies freigemacht hast.

BIBELSTELLE

Gibt es keine Auferstehung der Toten, so ist auch Christus nicht auferstanden. Ist aber Christus nicht auferstanden, so ist unsere Predigt vergeblich, so ist auch euer Glaube vergeblich.

1. Korinther 15,13 und 14

Paul saß in seinem Zimmer und lernte im Kleinen Katechismus. Das Glaubensbekenntnis war dran und die Erklärungen dazu.

Er sprach halblaut vor sich hin: „… gelitten unter Pontius Pilatus, gekreuzigt, gestorben und begraben…"

Diese Stelle fand Paul besonders interessant.

Er wusste, dass das Grab mit einem schweren Stein verschlossen, versiegelt und rund um die Uhr von Soldaten bewacht worden war. Trotzdem hatte der Tod nicht gesiegt.

Was hatte sein Vater in einer Predigt erzählt?

„Der Tod schlich sich an Christus heran und wollte diesen kleinen Happen verschlingen. Er sperrte seinen Rachen weit auf und fraß Jesus in sich hinein. Der wehrte sich nicht und blieb ihm bis zum dritten Tag im Rachen stecken. Aber dieser kleine Bissen ist dem Tod gar nicht gut bekommen. Er konnte ihn nicht verdauen, denn dieser war ihm zu stark. Deshalb fing er an zu würgen und musste Christus wieder ausspucken."

Den Kampf in der Hölle stellte sich Paul auch spannend vor: Jesus und die Engel gegen den Teufel und dessen Diener.

Als er den Vater einmal danach fragte, hatte der geantwortet: „Ich kann mir vorstellen, dass Christus bei seinem Besuch in der Hölle mit den Toten geredet hat und dass sich einige zu ihm bekehrten. Da wurde Satan besonders wütend. Aber letzten Endes ist nur wichtig zu wissen, dass Jesus als Sieger über Tod und Teufel aus der Hölle zurückkehrte und sein Grab verließ. Über alles andere brauchen wir uns keine schlauen Gedanken zu machen."

Sicherlich, damit hatte der Vater recht. Aber Paul fand Gefallen daran, die Kampfbilder vor seinem inneren Auge entstehen zu lassen.

Es war ein sonderbarer Krieg, als Jesus und Satan miteinander kämpften. Paul konnte förmlich die Schwerter klingen hören. Er lauschte, als Christus dem Feind ins Gesicht sagte: „Du wirst mich nicht mehr ärgern. Du hattest einen giftigen Stachel. Den habe ich dir rausgezogen. Ich spotte über dich und deine Hölle. Du hast endgültig verloren."

Wieder erinnerte sich Paul an etwas, was sein Vater auf der Kanzel gepredigt hatte: „Wenn schon tausend Höllen und hunderttausend Teufel da wären, sind sie doch nur ein kleiner Funken gegen den Sieg, den Jesus Christus erkämpft hat und den er allen schenkt, die an ihn glauben."

Paul war über Gottes Sohn erstaunt. Jesus aß und trank nach seiner Auferstehung. Er war kein Geist. Die Jünger konnten seine Wunden von der Kreuzigung sehen und ihn anfassen. Aber er war trotzdem fähig, durch Wände zu gehen oder von einer Sekunde zur anderen an einem völlig anderen Ort zu sein.

Das Leben mit Jesus war so spannend!

GEBET

Herr Jesus Christus, ich danke dir,
dass du so tapfer warst und mit dem Teufel gekämpft hast.
Ich preise dich für deinen Sieg, den du in der Hölle erkämpft hast.
Danke, dass du mich an deiner Seite haben willst.

BIBELSTELLE

Wer nun mich bekennt vor den Menschen, den will ich auch bekennen vor meinem himmlischen Vater. Wer mich aber verleugnet vor den Menschen, den will ich auch verleugnen vor meinem himmlischen Vater. Matthäus 10,32 und 33

Hans war außer sich.

„Ich hätte nie erwartet, dass ich von der ganzen Klasse ausgelacht werde, nur weil ich im Religionsunterricht sage, dass Jesus Christus mein Herr ist."

Er war den Tränen nahe.

„Zum ersten Mal habe ich mich geschämt, weil ich Christ bin."

Der Vater legte ihm die Hand auf die Schulter.

„Haben deine Mitschüler gesagt, warum sie lachten?"

Hans schluckte den Kloß im Hals runter und schüttelte den Kopf.

„Nur der Lehrer wollte mich korrigieren und meinte, dass es heißen müsse: ‚Jesus Christus ist *der* Herr.'"

Martin nickte bedächtig. „Trotzdem hast du auch recht. Wenn ich von Jesus höre und glaube nicht, dass Christus für *mich* geboren ist, für *mich* gelitten hat, für *mich* gestorben und auferstanden ist, dann nützt es mir nichts, dass ich die Geschichten kenne."

„Ja, genau!"

Hans war froh, dass sein Vater genauso dachte wie er.

„So habe ich das gemeint. Nur konnte ich vor lauter Schreck in der Schule nicht die richtigen Worte finden."

Hans überlegte kurz.

„Wenn ich sage: ‚Jesus Christus ist der Herr.', dann ist das eine Tatsache. Wenn ich aber sage: Jesus Christus ist *mein* Herr.', dann ist das mein Bekenntnis. Damit lobe ich Jesus."

Er drehte sich zum Rest der Familie um. „Versteht ihr, was ich meine?"
Katharina nickte. „Da hast du etwas sehr Schönes gesagt. Wenn du sagst: ‚mein Herr' und verspürst in deinem Herzen Liebe bei diesem kleinen Wort ‚mein', dann machst du Gott damit Freude."
Die Geschwister hatten den Eltern und ihrem großen Bruder aufmerksam zugehört. Sie spürten: Die drei hatten Gott wirklich lieb.
Das ließ die anderen nicht unberührt. Auch in Magdalena, Martin, Paul und Margarete rührte sich die Freude, die der Glaube an Jesus mit sich bringt.
Sie waren stolz darauf, Freunde von Jesus zu sein.
Magdalena sagte: „Ich möchte immer mutig sein und bekennen, dass Jesus mein Herr ist!"
Damit sprach sie aus, was ihre Geschwister dachten.

GEBET

Lieber Herr Jesus Christus, danke, dass du der Herr der Welt bist.
Danke, dass du auch mein Herr bist. Darüber freue ich mich.
Danke, dass du auch für mich gelitten hast, gestorben und auferstanden bist.
Gib mir Mut, anderen von dir zu erzählen und davon,
dass wir beide zusammengehören.

BIBELSTELLE

Will mir jemand nachfolgen, der verleugne sich selbst und nehme sein Kreuz auf sich und folge mir. Denn wer sein Leben erhalten will, der wird's verlieren; wer aber sein Leben verliert um meinetwillen, der wird's finden. Matthäus 16,24 und 25

Nur ein paar Wochen später trat Martin zu Hans, als der gerade auf Stelzen stand und an der Scheunenwand lehnte. Er war Torwart und musste verhindern, dass Paul den Ball zwischen die beiden Heuballen traf, die rechts und links das Tor begrenzten.

Das war eine schwierige Aufgabe.

Die Stelzen waren zwar sehr lang, aber dafür konnte sich der Torwart in keine Ecke stürzen, um den Ball abzuwehren.

Der Vater stand eine Weile dabei und sah zu.

Als Paul sich gerade auf den nächsten Schuss vorbereitete, sah Hans kurz zum Vater rüber und bemerkte seine ernste Miene.

„Was ist los?" Erst jetzt sah er den Brief in dessen Hand.

Martin antwortete: „Jetzt geht es mir wie dir vor ein paar Wochen."

Er hielt den Brief hoch.

„Auch ich werde Gelegenheit bekommen, meinen Glauben zu bekennen. Kaiser Karl will, dass ich nach Worms komme. Er will dort persönlich hören, wie ich die Bibel verstehe, wenn es um Jesus und den Weg ins ewige Leben geht. Das ist alles ganz schön aufregend."

Paul war näher gekommen und Hans sprang von seinen Stelzen runter.

„Der Kaiser lädt dich ein!? Das ist eine große Ehre!"

Die beiden konnten das kaum glauben.

Martin winkte ab.

„Das hat nicht viel mit Ehre zu tun. Er ärgert sich, dass ich so viel Unruhe in die Kirche bringe. Wenn er will, dass ich endgültig schweige, kann er mich sogar ins Gefängnis bringen…", der Vater holte tief Luft, „oder mich töten lassen." Hans und Paul waren entsetzt.

„Dann darfst du auf keinen Fall dorthin reisen."

Der Vater straffte seine Schultern.

„Warum soll ich zu Hause im warmen Wohnzimmer und in Sicherheit bleiben? Es passt nicht zusammen, wenn mein Herr Jesus eine Dornenkrone trägt und ich mich auf dem Sofa ausruhe."

Vom Haus aus winkte Katharina.

Sie rief: „Komm rein, Martin. Du hast Besuch! Georg ist da."

Erfreut ging Martin über den Hof. Sein Freund kam ihm schon entgegen. Er hatte schon von dem Brief gehört.

„Ich mache mir Sorgen um dich, Martin", begrüßte er ihn.

„Du meinst wegen der Nachricht vom Kaiser?"

Als Georg nickte, meinte er: „Ich will unbedingt nach Worms, auch wenn in dieser Stadt so viele Feinde wären wie Dachziegel auf den Häusern liegen. Ich habe Gott an meiner Seite. Es wird Zeit, dass alle erkennen, dass nichts anderes als der Glaube an Jesus Christus uns das Paradies schenkt. So steht es in der Bibel. Das gilt für Pastoren genauso wie für ihre Gemeindeglieder."

GEBET

Lieber Vater im Himmel, danke, dass die Bibel mir den Weg zu dir zeigt. Danke, dass du mich im Paradies willkommen heißt, wenn ich an dich glaube. Danke, dass du an jedem Tag unendlich viel Geduld mit mir hast und mich immer wieder auf den Weg zu dir zurückholst.

BIBELSTELLE

Wenn sie euch nun überantworten werden, so sorgt nicht, wie oder was ihr reden sollt; denn es soll euch zu der Stunde gegeben werden, was ihr reden sollt. Denn nicht ihr seid es, die da reden, sondern eures Vaters Geist ist es, der durch euch redet.

Matthäus 10,19 und 20

Der große Tag war da.

Martin war in Worms angekommen, obwohl viele seiner Freunde ihn vor dem Kaiser gewarnt hatten.

Ihnen allen hatte er geantwortet: „Was ist denn schon ein Kaiser gegen unseren Gott? Der Kaiser kann niemanden befreien. Nicht von der Sünde, die ich immer wieder tue. Auch nicht vom Tod, der mich am liebsten für immer mitnehmen will und auch nicht vom Teufel, der alles Böse in die Welt bringt."

Das hatte Martin die Kraft gegeben, in die Stadt Worms zu reisen, um seinen Glauben zu bezeugen.

Der Saal war gerammelt voll, als Martin vor den Kaiser geführt wurde.

Er verbeugte sich vor dem Herrscher und sah ihm dann frei ins Gesicht, um zu hören, was dieser ihn fragen würde.

Ein Getuschel ging durch die Menschenmenge.

„Seht euch an, wie Luther da steht! Gar nicht wie ein demütiger Pastor, eher wie ein Kämpfer."

Doch der Kaiser stellte Martin keine Fragen. Stattdessen sagte er: „Sie haben viel über den christlichen Glauben geschrieben. Diese Texte wurden gedruckt und überall verteilt. Viel zu viele Menschen haben dies gelesen. Geben Sie endlich zu, dass Sie sich geirrt haben, wenn Sie schreiben, dass die Christen nichts Gutes tun müssen, um ins Paradies zu kommen. Noch nicht einmal Geld sollen sie bezahlen, damit Gott ihnen ihre Sünden vergibt."

Der Kaiser schüttelte den Kopf und rümpfte die Nase über solchen Unsinn.

„Ich fordere Sie auf, Ihren Irrtum einzugestehen."

Martin brauchte für seine Antwort nicht lange zu überlegen.

„Wenn ich nicht durch die Bibel vom Gegenteil überzeugt werde, dann bleibe ich bei meiner Überzeugung. Gott irrt sich nicht. Er spricht in der Bibel mit uns. Ich habe lange und oft in der Heiligen Schrift gelesen. Darum weiß ich, dass Gott die Sünden aus lauter Barmherzigkeit vergibt, wenn wir vor ihm ehrlich zugeben, was wir falsch gemacht haben und ihn um Vergebung bitten. Dazu ist kein Geld nötig. So ist es Gottes Wille. Ich habe mich nicht geirrt. Ich kann nichts anderes sagen, als was mir Gott und mein Gewissen sagen."

Martin wusste ganz genau, in welcher Gefahr er war. Er war dem Kaiser ausgeliefert. Trotzdem fühlte er sich geborgen und sicher unter Gottes Schutz. Auch der Kaiser fackelte nicht lange.

„Was Sie sagen, ist gegen vieles, was die Kirche seit Jahrhunderten tut. Sie sind ein Lügner und Unruhestifter. Ich werde Sie nicht zu Gefängnis oder zum Tod verurteilen. Aber ich erlaube jedem Menschen im Land, Sie gefangen zu nehmen. Niemand darf Sie beherbergen. Es ist verboten, Ihre Schriften zu lesen. Verlassen Sie den Saal."

Martin drehte sich um und ging.

Er machte sich sofort auf den Weg. Es war klar, dass er jetzt auf sich aufpassen musste.

GEBET

Herr, danke, dass du mir meine Sünden vergeben willst,
wenn ich sie dir bekenne.
Lass mich auch anderen von deiner Gnade und Geduld erzählen.

BIBELSTELLE

Gott, hilf mir! Die mich ohne Grund hassen, sind mehr als ich Haare auf dem Haupte habe. Die mir zu Unrecht feind sind und mich verderben wollen, sind mächtig. Erhöre mich, Herr, denn deine Güte ist tröstlich; wende dich zu mir nach deiner großen Barmherzigkeit.

Psalm 69,2a und 5a und 17

Diese Bibelverse betete Martin die ganze Zeit leise vor sich hin, als er in der schaukelnden Kutsche saß, die ihn nach Hause bringen sollte.

Er hatte keine Angst, aber er wusste, dass er Hilfe brauchte. Denn vom heutigen Tag an hatte jeder Mensch in Deutschland das Recht, Martin gefangen zu nehmen.

Er musste schnell aus Wittenberg fliehen, denn viel zu viele wussten, wo Martin zu finden war.

Noch während er nachdenklich aus dem Fenster schaute, merkte er, dass die Pferde unruhig wurden. Der Kutscher trieb sie zu größerer Eile an. Die Peitsche knallte.

Martin sah nach, was los war.

Mit Schrecken stellte er fest, dass hinter ihm Reiter galoppiert kamen, die lautstark verlangten, dass Martins Kutsche anhalten solle. Von beiden Seiten ritten weitere Männer auf Pferden heran und hielten drohend ihre Lanzen in die Höhe.

‚So schnell soll es gehen, dass ich geschnappt werde?', dachte Martin.
Da wurde in voller Fahrt die Kutschentür aufgerissen. Gewaltsam wurde er aus dem Gefährt gerissen und von mehreren Händen auf einen Pferdeanhänger gehoben.
Bevor er etwas fragen konnte, stülpte man ihm einen Sack über und fesselte die Hände.
Eine barsche Stimme sagte: „Du redest nicht, bevor dir erlaubt wird zu reden." Martin atmete die staubige Luft ein, die dem Sack entwich.
‚Wer ist das, der da mit mir spricht? Diese Stimme kommt mir bekannt vor.', kam ihm in den Sinn.
Die Fahrt ging über Stock und Stein, durch sandige Pfade hindurch und am Ende über holperiges Kopfsteinpflaster. Er wurde ordentlich durchgerüttelt.
Als er endlich grob an den Schultern hochgezogen wurde und vom Anhänger runtersteigen konnte, taten ihm alle Knochen weh.
Durch das Sackgewebe konnte Martin nicht viel erkennen. Er merkte nur, dass es dunkler um ihn wurde. Deshalb nahm er an, dass er in einen Raum geführt worden war.
Jemand schubste ihn und befahl: „Setz dich!"
Martin stolperte gegen einen Stuhl. Dann vernahm er wieder die seltsam vertraute Stimme. „Lasst mich jetzt allein mit ihm."
Schwere Schritte entfernten sich und die Tür wurde geschlossen. Erst schnitt man ihm die Fesseln auf, dann zog ihm jemand den Sack vom Kopf.
Martin traute seinen Augen nicht. Da stand sein Freund Georg vor ihm und lachte ihm ins Gesicht.
„Da staunst du, was? Ja, ich bin dein Entführer. Ich handelte im Auftrag von Fürst Friedrich. Der will nicht, dass dir etwas geschieht. Aber deine Entführung sollte echt aussehen. Deshalb musste ich dich so unsanft

behandeln. Wir sind hier auf der Wartburg. Hier bist du sicher und kannst bleiben, solange es nötig ist."

GEBET

Lieber Gott, danke, dass du Martin halfst, indem du Menschen an seine Seite gestellt hast und dass dein Wort dadurch noch bekannter werden konnte. Lass auch mich –genau wie Martin – nie das Vertrauen zu dir verlieren.

BIBELSTELLE

Gott will, dass allen Menschen geholfen werde und sie zur Erkenntnis der Wahrheit kommen. 1. Timotheus 2,4

Martin fiel ein Stein vom Herzen, als er seinen Freund sah.
Er wusste, dass Gott ihn geschickt hatte. Gott war es auch gewesen, der das Herz des Fürsten Friedrich bewegt hatte, damit dieser Hilfe schickte.
Die beiden Freunde knieten nieder und dankten Gott für diese Rettung.
Doch wie sollte es weitergehen? Da auf der Burg viele Menschen arbeiteten, die keine Ahnung hatten, wer gerade dorthin gebracht worden war, musste Martin sich einen anderen Namen zulegen.
Von diesem Tag an nannte er sich ‚Junker Jörg'.
Außerdem ließ er sich einen langen Bart wachsen.
So wurde er nicht so schnell erkannt, falls ein Bekannter, der ihm nicht wohl gesonnen war, kommen sollte.
In den ersten Tagen ging Martin ruhelos durch die Gänge der Burg.

Plötzlich hatte er nichts anderes zu tun, als sich zu verstecken, sich still zu verhalten und außer mit Georg mit niemandem zu sprechen.
Ihm fiel die Decke auf den Kopf! Doch dann hatte er eine sehr gute Idee. Die Zeit, die ihm geschenkt wurde, konnte er sinnvoll nutzen!
Denn noch immer gab es keine deutsche Bibelübersetzung.
Die Christen, die zum Gottesdienst kamen, hörten die Lesungen aus Gottes Wort in Lateinisch. Die wenigsten verstanden, was der Pastor vorlas. Martins Herzensanliegen war es, dass jeder Christ eine Bibel zu Hause hatte, in der er jeden Tag lesen konnte und so immer mehr über Gott erfuhr und seinen Heiland immer besser kennen lernte.
Nur so konnte die Liebe zum Vater im Himmel in den Herzen seiner Kinder wachsen.

Also machte Martin sich an die Arbeit. Von morgens bis tief in die Nacht hinein übersetzte er das Neue Testament. Ein Tintenfässchen nach dem anderen verbrauchte er.
Vom vielen Nachdenken bekam er Kopfschmerzen. Manchmal war es nicht einfach, für ein griechisches Wort das passende deutsche zu finden. Martin rieb sich die Schläfen.
Neben ihm standen mehrere Teller mit Essen. Die hatte ihm Georg leise hingestellt, damit er nicht bei der Arbeit gestört wurde. Martin hatte nicht darauf geachtet.
Erst jetzt merkte er, dass sein Magen knurrte. Hungrig biss er in ein Butterbrot und ließ es sich schmecken. Der gute Georg!
Er hatte sogar dafür gesorgt, dass Martin die Bücher bekam, um die er gebeten hatte, weil er sie für die Übersetzung brauchte.
Er stand auf und stellte sich ans Fenster. Tief atmete er die kühle Nachtluft ein. In Gedanken betete er: ‚Danke, Gott, dass du mir die Kraft und

die Ausdauer für meine Arbeit schenkst. Ohne deinen Segen könnte ich nicht einen Satz übersetzen'.

Er drehte sich um und ging wieder zum Schreibtisch.

Martin blieb so fleißig.

Als er ein Jahr später wieder nach Wittenberg reiste, hatte er das ganze Neue Testament ins Deutsche übersetzt.

GEBET

Danke, Gott, dass heutzutage jeder, der möchte, in der Bibel lesen kann.

Danke für meine eigene Bibel.

Ich freue mich, dich darin immer besser kennen zu lernen.

Hilf mir dabei, oft in deinem Wort zu lesen.

BIBELSTELLE

Denn er selbst, der Herr, wird, wenn der Befehl ertönt, wenn die Stimme des Erzengels und die Posaune Gottes erschallen, herabkommen vom Himmel, und zuerst werden die Toten, die in Christus gestorben sind, auferstehen. 1. Thessalonicher 4,16

Martin stand endlich wieder in seinem eigenen Garten. Den hatte er wirklich vermisst, während er auf der Wartburg gewesen war.

Dort gab es nur einen kleinen Kräutergarten. Er sah die Bäume an.

Wie schön sie blühten! Über und über voll von zahlreichen Knospen und grünen Blättern!

Er freute sich: „Danke, lieber Gott, dass du nach dem Winter im Frühling alles wieder lebendig und grün machst."
Er dachte: ‚Das ist ein schönes Bild für die Auferstehung! Der Winter ist der Tod, das Frühjahr mit den vielen Blüten ist die Auferstehung der Verstorbenen. Genauso wird unser Körper neue Kleider bekommen, wenn wir in den Himmel kommen.'
Margarete war neben ihren Vater getreten. Sie freute sich sehr, dass er wieder da war.
„Schau mal da rüber, Vater."
Sie zeigte zu einem kunterbunten Blumenfeld.
„Das ist mein eigenes Gartenstück. Mutter hat mir erlaubt zu säen, was ich möchte. Jetzt ist ein Wildblumenbeet daraus geworden. Sieht das nicht hübsch aus?"
Martin nickte mit leuchtenden Augen.
Er fragte: „Als du die Saatkörner ausgestreut hast, wie sahen die aus?"
Margarete zuckte die Schultern. „Na, braun und trocken eben. Ziemlich unscheinbar."
„Genau!" Der Vater war begeistert. „Du hast in die Saat gegriffen und eine Handvoll nach der anderen um dich gestreut. Was dann auf der Erde lag, sah einfach nur nach langweiligen braunen Krümeln aus. Aber was macht Gott daraus? Er verwandelt seine Körner bis zum nächsten Sommer aufs Allerschönste!"
Soweit konnte Margarete folgen.
„Und was willst du mir jetzt damit sagen, Vater?"
Sie wusste: Wenn er mit dieser Begeisterung von etwas redete, dann steckte immer etwas Interessantes über Gott dahinter.
Margarete sah erwartungsvoll zu Martin.
Der erklärte weiter: „So ähnlich wird es am Jüngsten Tag sein. Wenn Christus uns und alle anderen Toten auferwecken wird. Deshalb ruhen alle Christen,

die jemals gestorben sind, im Grab aus. Sie warten bis Christus kommt, an ihr Grab klopft und sagt: ‚Martin! Margarete! Heraus mit euch! Kommt!' Zur Sekunde werden wir neben dem Grab stehen: lebendig, frisch und gesund. Und dann gehen wir froh unserem Herrn und Heiland entgegen. Ist das nicht schön?!" Margarete fasste ihren Vater bei der Hand.
„Ja, das ist schön. Und irgendwie freue ich mich schon darauf, auch wenn ich mir das alles gar nicht so richtig vorstellen kann. Aber jetzt freue ich mich erst mal, dass du wieder bei uns bist."

GEBET

Himmlischer Vater, danke, dass die Natur mir immer wieder ein Bild davon gibt, wie du Totes zum Leben erweckst.
Danke, dass dein Sohn Jesus Christus alle Christen am Jüngsten Tag auferstehen lässt und zu dir ins Paradies holt.
Danke, dass ich dazugehören werde.

BIBELSTELLE

Ich sah einen neuen Himmel und eine neue Erde. Und Gott wird bei ihnen wohnen. Es wird keine Nacht mehr sein, und sie bedürfen keiner Leuchte und nicht des Lichts der Sonne; denn Gott der Herr wird sie erleuchten. Offenbarung 21,1a und 3b und K. 22,5a

Als Martin und Margarete über den Hof gingen, sahen sie, dass Hans und Paul mit dem Springseil spielten. Sie drehten kräftig und Magdalena musste springen. „Wo kommt ihr denn her?", fragte Hans mit konzentriertem Blick auf das Seil. „Aus der Zukunft!“, antwortete Margarete und grinste.

Das Seil verlor seinen Schwung und Magdalena kam durcheinander.

„Wie bitte?“

„Naja, wir waren im Garten und haben vom Jüngsten Tag und dem Paradies gesprochen.“

„Ja, und?“ Paul wollte es ganz genau wissen. „Wenn ihr aus der Zukunft kommt, dann sagt uns, wie es da aussieht.“

Hans rollte das Seil auf. „Wie soll es im ewigen Leben schon sein? Es gibt dort keine Bücher, Theater und Museen. Langweilig wird es da sein.“

Paul wandte ein: „Stell dir vor, du hast einen Körper aus Haut und Knochen, aber leicht wie eine Feder, der so schnell wie ein Gedanke von einer Sekunde zur anderen mal hier und mal dort sein kann. Da hast du auch deinen Spaß dabei.“

Margarete ergänzte: „Bestimmt sind wir dann alle viel hübscher. Ohne Pickel und Narben. Die Haare glänzen, weil sie nie mehr abbrechen. Die Augen leuchten, weil wir immer Freude verspüren. Wir werden immer nur gute Gedanken denken.“

Der Vater fügte hinzu: „Ich kann mir vorstellen, dass wir ungeahnte Kräfte haben werden. So stark, dass ich mit einem einzelnen Finger eine Kirche tragen, mit einer Zehe einen Turm versetzen kann und mit einem großen Berg spiele wie Kinder mit einem Ball.“

Magdalena, die für ihr Leben gerne rannte und sprang, hatte auch Ideen:

„Ja! In einem Nu kannst du zu den Wolken springen

oder einen Schritt über hundert Kilometer machen. Das muss himmlisch sein!"

Dem Vater fiel auch noch was ein: „Man braucht nicht mehr zu arbeiten. Kein Waschen, Kochen, keine Häuser mehr bauen. Man braucht keine Polizisten mehr, keine Lehrer, Ärzte und Pastoren."

Paul machte weiter: „Wir werden so scharfe Augen haben, dass wir durch Berge oder auf den Grund des Ozeans sehen können. Wir werden Tiere verstehen. Wir sehen die Sterne so genau, als würden wir darauf stehen. Vielleicht werden wir imstande sein, Wunder zu tun. Es wäre doch toll, wenn ich zu einem Ziegelstein sage, dass er ein Smaragd werden soll, und es passiert. Wir sehen alle wieder, die wir lieb haben. Was werden wir uns zu erzählen haben! Wir können mit Mose, Abraham, Josef, Daniel, David, Paulus oder Petrus plaudern. Wir werden auf Gottes Schoß klettern und ihm Fragen stellen. Wir werden mit Christus spazieren gehen. Wow! Ich freue mich auf den Himmel!"

GEBET

Herr, du bist ein großartiger Gott!
Bei dir ist es wunderbar.
Meine Fantasie reicht nicht aus, um mir das alles vorzustellen.
Ich freue mich darauf.
Ich freue mich, dich zu sehen, wie einen Freund, der vor mir steht.

Ihr sucht in der Schrift, denn sie ist's, die von mir zeugt.

Johannes 5,39

Hans stand vor seinem Vater und sagte voller Stolz: „Ich kenne jetzt die ganze Bibel. Ich habe sie einmal ganz gelesen."
Martin antwortete: „Na, dann bist du schlauer als ich. Ich bin ein erwachsener Mann und kenne die Bibel noch lange nicht, obwohl ich sie jedes Jahr zweimal lese. Ich erlebe es an jedem Tag, dass ich noch zu lernen habe."
Hans setzte sich zu seinem Vater. „Erzähl doch mal. Wie war das früher, als die Menschen noch keine Bibel hatten?"
Martin freute sich über die Frage seines Sohnes.
Er antwortete: „Alle biblischen Geschichten, die meine Eltern uns Kindern erzählten, hatten sie in der Kirche gehört. Der Pastor hat davon in der Predigt berichtet. Keiner hatte eine Bibel zu Hause. Ein solches Buch war furchtbar teuer. Ich war Student und ungefähr 20 Jahre alt, als ich zum ersten Mal eine komplette Bibel sah. Vor Aufregung und Ehrfurcht vergaß ich fast zu atmen. Sie war in lateinisch geschrieben worden. Als ich rumblätterte, entdeckte ich einen Bericht, den ich noch nicht kannte. Ich hätte so gerne weitergelesen, aber ich musste das Buch in der Bibliothek liegen lassen. Es war zu wertvoll zum Ausleihen. Ein paar Jahre später bekam ich eine eigene lateinische Bibel. Endlich konnte ich lesen, so viel und so oft ich wollte. Je öfter ich das tat, umso mehr bekam ich den Eindruck: Hier redet Gott mit mir. Hier finde ich Antworten auf viele Fragen. Hier schenkt Gott mir Frieden. Du wirst es nicht glauben, Hans, aber ich konnte damals viele Seiten der Bibel auswendig. Und doch verstand ich sie erst, nachdem Gott sie mir erklärt hatte. Eines Tages las ich, dass ich für immer mit Gott fröhlich zusammen sein kann, wenn ich an Jesus Christus glaube. Das musste jeder wissen! Unbedingt!"

Hans saß kerzengerade auf seinem Stuhl. „Das ist wie bei zwei verliebten Menschen. Die wollen auch alles voneinander wissen und immer beieinander sein, Richtig, Vater?"

Martin stimmte seinem großen Sohn lächelnd zu.

„Ganz genau so. Es war also wirklich wichtig, dass jeder seine eigene Bibel bekam und zwar auf Deutsch. Deshalb habe ich mich auf der Wartburg an die Arbeit gemacht und fing mit dem Übersetzen an."

Hans war stolz auf seinen Vater.

„Ich danke dir für deine Arbeit, Vater. Mittlerweile merke ich, dass sehr viele Menschen über die Bibel reden, weil sie endlich verstehen, was drin steht. Sie sprechen darüber, was sie gelesen und gehört haben. Ich stelle mir vor, dass Gott im Himmel sitzt und sich darüber freut."

GEBET

Lieber Herr Jesus Christus, das Lesen in der Bibel macht aus mir einen besseren Menschen.

Gib mir immer wieder Freude daran, dir und deinem Wort zuzuhören.

Denn du hast darin immer einen Rat für mich, ein tröstendes oder Mut machendes Wort. Ich danke dir dafür.

Und führe uns nicht in Versuchung, sondern erlöse uns von dem Bösen. Matthäus 6,13
Ein jeder, der versucht wird, wird von seinen eigenen Begierden gereizt und gelockt. Jakobus 1,14

„Mutter, Mutter, komm schnell nach draußen. Paul und Martin prügeln sich." Margarete hatte die Küchentür aufgerissen. Sie war völlig aus der Puste und hatte mit den Tränen zu kämpfen.

Katharina ließ das Nudelholz fallen.
Im Laufen wischte sie sich die Hände an der Schürze ab.
Als sie zu den beiden Kämpfenden kam, sah sie, wie Paul mit einem Fuß auf Martins Brust stand und ihn anschrie: „Ich bin nicht mehr so klein, dass du mit mir machen kannst, was du willst. Spürst du meine Kraft? Da wunderst du dich, was? Nie wieder wirst du mich rumkommandieren und gehässig zu mir sein. Ich werde dir ins Gesicht treten, damit du nie wieder so mit mir reden kannst!" Schon hing der schwere Schuh über Martins Gesicht.
Katharina schrie aus Leibeskräften: „Stopp!" und riss die Jungs auseinander.
Rot vor Wut machte sich Paul von der Mutter los.
Martin lag noch immer kreidebleich am Boden.
„Paul, versuch deine Wut in den Griff zu kriegen."
Katharina redete ruhig mit ihrem jüngsten Sohn.
„Aber ich habe so richtig Lust..." Er schlug mit der Faust gegen die Schuppenwand.

„Ja, das kenne ich auch.", sagte Katharina. „Die Lust zum Ausleben der Wut ist oft da. In Gedanken und Gefühlen. Dagegen kann man nichts tun. Es ist, als ob ein Vogel um deinen Kopf fliegt. Dagegen kannst du auch nichts tun. Aber du kannst verhindern, dass er ein Nest auf deinem Kopf baut."
Dieser Vergleich lenkte Paul von seiner Aggression ab.
„Lass uns reingehen und etwas trinken. Dabei reden wir weiter." Die Mutter ließ keine Widerrede gelten und ging voran.
Sie füllte zwei Gläser mit Kirschsaft, schob ihrem Sohn eins hin und setzte sich. „Paul, wütend sein ist in Ordnung. Aber der Versuchung nachzugeben und gewalttätig zu werden, ist nicht in Ordnung. Der Teufel kennt genau deine Schwachstelle. Wenn du deine Wut zulässt, öffnest du ihm die Tür."
Paul drehte sein Glas zwischen den Händen hin und her.
„Und was soll ich deiner Meinung nach tun?" Seine Stimme klang trotzig.
Katharina legte ihre Hand auf sein Glas und schlug vor: „Sag dem Teufel, dass du zu Gott gehörst und dass er dir gar nichts zu sagen hat. Lach ihn aus! Suche dir einen Menschen, mit dem du reden und beten kannst. Sei lustig, fröhlich und unbekümmert. Spiel mit anderen und hör schöne Musik, damit du auf andere Gedanken kommst. Alles das wird dich das nächste Mal ablenken, wenn du spürst, dass deine Wut wieder kommt."
Paul atmete tief durch. Er stand auf und stützte sich auf die Tischplatte.
„Das sind eine Menge Tipps. Irgendwas davon wird mir bestimmt helfen. Jetzt muss ich aber erst mal zu Martin und mich entschuldigen."

GEBET

Herr Jesus Christus, auch du hast Zorn empfunden.
Danke, dass ich auch mal wütend sein darf.
Du willst mir immer wieder helfen, wenn die Versuchung kommt und mich verleitet, Falsches zu tun. Ich danke dir dafür.

Tod, wo ist dein Sieg? Tod, wo ist dein Stachel? 1. Korinther 15,55
Christus Jesus hat dem Tod die Macht genommen. 2. Timotheus 1,10b

Katharina rührte die Suppe um und sah dabei durchs Fenster.
Draußen ging gerade Magdalena über den Hof. Vorsichtig hielt sie ihre Schürze ausgebreitet und lief langsam in Richtung Hauseingang.
Die Mutter legte den Kochlöffel ab und eilte zur Tür, um sie für Magdalena aufzuhalten.
„Was bringst du denn da mit?"
Sie spähte in die Schürze hinein und sah einen Igel.
„Den habe ich auf dem Weg hinter unserem Gartenzaun gefunden. Irgendjemand muss über ihn gefahren sein. Ich glaube, er stirbt."
Behutsam nahm Katharina den Igel in die Hände.
„Ich halte ihn, während du ihm ein kleines Bett machst."

Magdalena lief eifrig hin und her. Geschickt machte sie aus einer einfachen Schachtel ein Lager für den Igel. Gras, Moos und Blätter hatte sie schon mitgebracht. Jetzt noch ein bisschen Papier drunter, ein bisschen Stoff an den Rand… und fertig.
„Sieh nur, er blutet."
Magdalena legte den kleinen Patienten vorsichtig in das neue Nest.
„Er zittert vor Angst. Oder hat er Schmerzen? Was meinst du, Mutter?"
Katharina legte ihren Arm um Magdalenas Schulter.
„Wahrscheinlich beides. Du kannst versuchen, ob er ein bisschen Wasser trinkt. Aber vermutlich wird er nicht überleben."

„Ist der Tod schlimm?" Magdalena sah ihre Mutter fragend an.
„Nein", antwortete diese. „Das Sterben vorher kann manchmal Mühe machen. Aber der Tod erlöst von allem, was uns je traurig machte. Manche Menschen wollen sogar sterben, um endlich bei ihrem Vater im Himmel zu sein. Sie nennen den Tod das Beste, was ihnen passieren kann."
Magdalena beugte sich über den Karton. „Das tut der Igel bestimmt auch."
Sie hatte eine Idee.
„Können wir beide noch ein bisschen bei ihm sitzen bleiben? Dann fühlt er sich nicht so alleine."
Bittend sah sie ihre Mutter an.
Als Katharina zögerte, fügte sie hinzu: „Erzähl mir noch mehr davon, wie es ist, in den Himmel zu kommen. Das tut dem Igel bestimmt auch gut."
„Na gut", sagte die Mutter. Sie machten es sich zu zweit neben dem Igel bequem. „Dann hört mal beide zu: Für uns Christen ist der Tod wie Einschlafen und Aufwachen an einem herrlichen Tag. Oder wie ein Sprung in einen wunderschönen Garten. Gott macht eine Leiter vom Himmel herab, auf der die Engel rauf- und runtersteigen, um zu sehen, wie es uns geht. Zuletzt tragen die Engel uns direkt ins Paradies. Darum fühlen wir uns wohl, wenn wir die Welt verlassen und zu Gott gehen. So fröhlich sind wir vorher noch nie gewesen." Magdalena flüsterte dem Igel zu: „Du wirst auch gleich fröhlich sein. Gleich hast du es geschafft."

GEBET

Herr Jesus Christus, danke, dass ich keine Angst vor dem Tod haben muss.
Bei dir werde ich mich wohlfühlen. Ich freue mich schon auf dich!
Danke, dass auch Tiere im Himmel sein werden.

BIBELSTELLE

Wollen habe ich wohl, aber das Gute vollbringen kann ich nicht. Denn das Gute, das ich will, das tue ich nicht; sondern das Böse, das ich nicht will, das tue ich. Römer 7,18b und 19

Denn Gott ist's, der in euch wirkt beides, das Wollen und das Vollbringen. Philipper 2,13a

Im Hof des schwarzen Klosters war ordentlich was los.

„Hauruck! Hauruck!" Tauziehen war angesagt. Martin und Paul gaben alles.

Die Geschwister und etliche andere umstanden die beiden und feuerten sie an. Die Brüder zogen mit voller Kraft. Martin stemmte seine Beine in den Boden. Paul konzentrierte sich auf die Zurufe der anderen und hoffte, daraus neue Kraft zu bekommen. Das Seil schnitt ihm in die Hände. Es musste doch zu schaffen sein, Martin über die 5-Meter-Marke zu ziehen! Die hatte Magdalena sorgfältig mit Kreide aufs Hofpflaster gemalt.

Er biss die Zähne zusammen.

Da hörte er die Stimme von Benedict ganz dicht an seinem Ohr. Benedict war Erntehelfer auf den umliegenden Höfen und kam gerne nach Feierabend ins schwarze Kloster.

„Du schaffst das!", schrie ihm Benedict zu. „Falls du gewinnst, bekommst du von mir eine Tüte Zuckerkringel und ein bisschen was zum Taschengeld."

Paul glaubte nicht richtig zu hören und verlor für einen Augenblick die Konzentration.

Martin spürte das am anderen Ende und glaubte schon, gewonnen zu haben.

Er rechnete nicht mit dem, was jetzt kam: Paul hatte durch die Hauruck-Rufe und Benedicts verlockendes Angebot einen ordentlichen Kräfteschub bekommen und zog seinen überraschten Bruder innerhalb von Sekunden über die Markierung.

Nachdem die Kinder am Abend dem Vater begeistert davon erzählten und Paul jedem einen Zuckerkringel abgegeben hatte, sagte Martin: „Kennt ihr übrigens Adam? Der kämpft jeden Tag beim Tauziehen."
Nein, keiner kannte Adam.
Der Vater erklärte: „Adam ist einer, der die Taufe nicht leiden kann. Er mag den Menschen nicht, der durch die Taufe zum Gotteskind wurde. Er kann sich schrecklich ärgern, dass der getaufte Christ nichts mehr wissen will von Geiz und Neid und Hochnäsigkeit. Deshalb kämpfen die beiden an jedem Tag. Tauziehen nach oben und unten. Der Christ will in den Himmel ziehen und Adam nach unten. Das Spiel ist bitterer Ernst. Es ist ein Kampf auf Tod und Leben. Einer will den anderen besiegen. Der Kampf zwischen Adam und dem Christen dauert ein ganzes Leben."
Der Vater sah lächelnd zu Paul rüber.
„Die Zuckerkringel, äh, den Siegerpreis bekommt der Christ aber erst im ewigen Leben."

GEBET

Himmlischer Vater, danke, dass Jesus das Tauziehen schon längst gewonnen hat. Du gibst mir durch die Taufe die Kraft,
an jedem Tag gegen meinen alten Adam anzukämpfen.
Hilf mir, immer wieder zu gewinnen!

BIBELSTELLE

So lasst euer Licht leuchten vor den Leuten, damit sie eure guten Werke sehen und euren Vater im Himmel preisen. Matthäus 5,16

„Ist das nicht ein bisschen angeberisch?" Martin klopfte sich auf die Schulter. „Guckt mal, was ich für ein toller Kerl bin! Ach, ich tue ja so viel Gutes!"

Er sah seinen Vater an.

Der antwortete: „Wenn du wirklich diese Gedanken hast, dann ist das tatsächlich das Verhalten eines Angebers. Nein, so soll es nicht sein. Es sollte eher so sein, dass die Leute denken: ‚Wow! Zu was für einem tollen Gott muss Martin gehören, wenn der so freundlich mit anderen umgeht.'"

Martin rieb sich die Nase. Das machte er immer, wenn er nachdachte.

„Und was passiert, wenn die Leute sehen, dass ich gar nichts Gutes mache, sondern lüge und betrüge?"

Der Vater sah ernst aus. „Dann machst du Gott schlecht."

Auf Martins Stirn stand ein Fragezeichen.

Deshalb fuhr der Vater fort: „Wir sollen Gott mit unserem Leben Freude machen. Indem wir tun, was gut ist, loben wir ihn und heiligen seinen Namen." Martin dachte weiter nach. „Die Leute werden Gott aber auf gar keinen Fall preisen, wenn sie sehen, dass ich böse handele. Im Gegenteil. Sie denken dann: ‚Der kann ja gar nicht zu Gott gehören, wenn er so viel Mist macht.'"

Der Vater nickte zustimmend.

Martin seufzte. „Dann muss ich jetzt so ein Mensch werden, der immer nur lächelt und zu allen freundlich ist, der immer geduldig zuhört? Dann darf ich noch nicht mal ein Morgenmuffel sein?"

Der Vater lachte. „Wenn ich dran denke, wie schlecht du morgens aus dem Bett kommst, dann erlaube ich dir gerne, ein Morgenmuffel zu sein."

Martin sah erleichtert aus, hatte aber doch noch eine Frage.
„Meinst du, dass wir Kinder hier zu Hause Gott Freude machen? Wir streiten uns doch so oft."
Der Vater beruhigte ihn.
„Da mach dir keine Sorgen. Wenn ich in meinem Turmzimmer sitze und höre, wie ihr munter vor euch hin singt, wenn ihr durchs Haus lauft, dann weiß ich, dass Gott sich freut. Denn Gott liebt es, wenn seine Kinder fröhlich sind. Wenn ich sehe, wie aufmerksam ihr in der Bibel lest und wie gerne ihr betet, dann weiß ich, dass die Freude im Himmel groß ist."
Martin wandte ein: „Das klingt so einfach. Aber ich glaube, dass es an manchen Tagen schwierig wird, das Richtige zu tun."
Der Vater gab ihm Recht.
„Deshalb sollten wir unseren himmlischen Vater an jedem Tag um Hilfe bitten, das Richtige zu tun."

GEBET

Gott, du hast so viele Namen:
Herr, Vater, Jesus, Retter, Heiliger Geist, Tröster, Heiland, Helfer …
Dein Name ist immer gut, ohne Schmutz und Sünde,
wichtiger als alles andere auf der Welt.
Hilf mir, so zu leben, dass die Menschen neugierig auf dich werden
und nach dir fragen.

BIBELSTELLE

Jesus antwortete: Mein Reich ist nicht von dieser Welt. Wäre mein Reich von dieser Welt, meine Diener würden darum kämpfen, dass ich den Juden nicht überantwortet würde; nun aber ist mein Reich nicht von dieser Welt. Da fragte ihn Pilatus: So bist du dennoch ein König? Jesus antwortete: Du sagst es, ich bin ein König.

Johannes 18,36 und 37a

Im Kachelofen bullerte es leise vor sich hin, während Paul vor der Ofenbank kniete und malte.

Der Vater betrat das Wohnzimmer. Martins Blick fiel auf das Papier, auf dem Paul gerade malte. Er sah ein großes Schloss.

Man konnte in viele Zimmer hineinsehen. In einem stand der Prinz, der einen Besen in der Hand hielt. Sogar in die Schatzkammer konnte man einen Blick werfen. Aber bis auf eine Goldkette war sie leer. Kein Diener war zu sehen und ganz dicht um das Schloss herum stand eine Mauer.

„Was für ein seltsames Schloss ist das?", wunderte sich Martin.

Paul stellte sich vor sein Werk und erklärte: „Dieses Schloss steht in einem Land, das nicht zu Gottes Reich gehören will. Der Prinz ist Jesus. Aber der hat nichts zu tun. Seine Aufgabe ist ziemlich unköniglich. Er möchte ausfegen, nämlich die Sünden. Aber keiner bringt seine Sünden zu ihm. Also ist er arbeitslos. Es gibt auch keine Diener. Denn niemand möchte dem König dienen. Da der König auch außerhalb des Schlosses keine Untertanen hat, hört sein Königreich direkt an den Schlossmauern auf."

Paul zog einen weiteren Bogen Papier heraus und zeigte auf das Bild. „Dies Schloss steht in einem Land, das gerne zu Gottes Reich gehören will." Martin sah, dass der Prinz fleißig fegte. In den Schmutzhaufen hatte Paul geschrieben: vergebene Sünden! Es gab keine Mauer. Ein Land mit blühenden Bäumen, mit Quellen und Flüssen, Getreidefeldern und Dörfern, in denen frohe Menschen lebten, umgab das Schloss. Durch die Räume gingen Diener, die mit lachenden Gesichtern ihre Arbeit taten. In der Schatzkammer war zu lesen: Gnade, Güte, Freundlichkeit, Vergebung, Liebe, Geduld.

Paul zog mit beiden Zeigefingern einen Kreis um das Schloss. „Darum müssen wir Gott bitten."

Martin war erstaunt über die Gedanken, die Paul sich beim Malen gemacht hatte.

Er setzte sich und zog seinen Sohn an sich. „Du hast recht, Paul. Das ist keine kleine Bitte. Wir bitten nicht um ein Stück trockenes Brot, sondern darum, dass Gott in unserem Herzen wohnt. Dann haben wir diese Schatzkammer in uns, die alles enthält, was Gott kann."

Paul wollte auch noch was dazu sagen und zog an Martins Hemd.

„Wenn wir Gott nicht darum bitten würden, wären wir ganz schön dumm. Das ist so, als wenn der König einem Bettler erlaubt, sich zu wünschen, was er will und der Bettler bittet nur um ein Glas Wasser."

GEBET

Lieber Vater im Himmel, zieh in mein Herz hinein.
Hilf mir, der Bibel zu vertrauen und danach zu leben.
Denn dann ist dein Reich auch in mir angekommen.
Gib mir dazu deinen Heiligen Geist.

BIBELSTELLE

Jesus kniete nieder, betete und sprach: Vater, willst du, so nimm diesen Kelch von mir; doch nicht mein, sondern dein Wille geschehe!

Lukas 22,41b und 42

Martin sah in die Runde, nachdem er aus der Bibel vorgelesen hatte.
Er begann: „Jesus macht es uns vor, was es heißt, den eigenen Willen zurückzustellen. Als er kurz vor seinem Tod im Garten Gethsemane zu seinem Vater im Himmel betete und ihm sagte, dass er so entsetzlich große Angst hatte zu sterben, da bat er ihn auch, ihm das zu ersparen, wenn es irgendwie möglich sei. Und er sagte am Ende: Aber nicht mein, sondern dein Wille geschehe. Uns geht es nicht anders. Das, was wir wollen, ist selten das, was Gott will."
Hans guckte während der Andacht gelangweilt im Wohnzimmer herum.
Der Vater sprach ihn an, um seine Aufmerksamkeit zu bekommen.
„Erinnerst du dich an unser Gespräch von letzter Woche, Hans? Du möchtest mehr Taschengeld haben. Wir werden noch einmal darüber reden. Aber du musst aufpassen, dass dir Geld nicht zu wichtig wird. Das will Gott nicht."
Er wandte sich wieder allen zu.
„In kleinen Dingen fängt es an, den eigenen Willen loszulassen."
Katharina fiel etwas ein.
„Martin, du musstest aber auch bei Gott zur Schule gehen, als es darum ging, Gottes Willen zu tun. Wenn ich da an deine Zeit im Kloster denke ..."
Sie wandte sich den Kindern zu.
„Das war noch bevor euer Vater und ich uns kennen lernten. Da riet ihm ein Vorgesetzter, Pastor zu werden und zu predigen. Wisst ihr, was euer Vater antwortete? ‚Das halte ich kein Vierteljahr aus! Das bringt mich um, wenn Sie das von mir verlangen.'"

Die Kinder lachten. „Ja", sagte Martin. „Ich hatte wirklich große Angst davor und wollte mich lieber in die hintersten Winkel verkriechen. Aber er ließ mir keine Ruhe und redete immer weiter auf mich ein. Irgendwann überlegte ich, dass es ja auch Gott sein könnte, der mir auf diese Weise seinen Willen zeigen will. Aber ich wollte immer noch nicht. Ich fing an, im Gebet gezielt nach Gottes Willen zu fragen und in der Bibel zu lesen. Schließlich überlegte ich nicht mehr, ich wusste, dass Gott es so wollte. Aber ich war immer noch nicht bereit."
Katharina schmunzelte.
„Dann fing die Zeit an, in der du viel gewandert bist."
„Stimmt genau. Ich hoffte, dass mich die Unterhaltung beim Wandern, die ich mit Gott führte, dafür vorbereiten würde, seinen Willen zu erfüllen. Eines Tages war ich endlich so weit. Ich begann, Theologie zu studieren. Gott hatte so viel Geduld mit mir gehabt, bis ich seinen Willen in meinem Leben geschehen ließ." Hans sah froh seinen Vater an.
„Du bist ein guter Pastor geworden! Und dazu noch einer, der weit über Deutschlands Grenzen hinaus bekannt wurde. Gottes Wille ist eben doch der beste."

GEBET

Lieber himmlischer Vater, ich bitte dich, dass du mein Leben in deine Hände nimmst und das daraus machst, was dir gefällt.
Dein Wille geschehe – im Himmel, auf der Erde und auch in meinem Leben.

BIBELSTELLE

Und vergib uns unsere Schuld, wie auch wir vergeben unsern Schuldigern. Denn wenn ihr den Menschen ihre Verfehlungen vergebt, so wird euch euer himmlischer Vater auch vergeben. Wenn ihr aber den Menschen nicht vergebt, so wird euch euer Vater eure Verfehlungen auch nicht vergeben. Matthäus 6,12 und 14 und 15

„Vater“, wollte Magdalena wissen, „ist das eigentlich ein Streit, wenn du mit manchen Leuten über die Bibel diskutierst und ihr dann auch mal so richtig laut werdet?“

Martin amüsierte sich über diese Frage.

„Nein, Magdalena, wir haben verschiedene Meinungen, aber wir streiten uns nicht. Gottes Wort ist uns wichtig. Da kann es schon mal passieren, dass man lauter spricht.“

„Moment mal!“ Katharina erinnerte sich. „Und was ist mit dem Brief, den du vom Herzog aus Sachsen bekommen hast? Mit dem warst du auch nicht einer Meinung und er hat dich ordentlich beschimpft. Was hat er dir an den Kopf geworfen? ‚Du bist nicht mehr nütze als der Trog aus dem die Schweine fressen. Du Esel! Es wäre am besten, wenn du in die Hölle gebracht wirst!‘“

„Ja, das stimmt“, gab Martin zu. „Dieser Herzog hat sogar jemandem Geld gegeben, damit er mich umbringt.“

„Was???“ Magdalena war aufgesprungen. Paul rückte entsetzt an den Rand des Stuhls. Hans konnte es nicht glauben und schüttelte den Kopf. Als der Vater sah, was seine Worte ausgelöst hatten, beruhigte er sie. „Es ist ja nichts passiert, wie ihr seht. Ich sitze doch hier bei euch. Aber immerhin habe ich das Messer gesehen, das mir das Leben nehmen sollte.“

„Vater!“ Margarete musste ihren Vater berühren und stellte sich neben ihn. „Was hast du in dem Moment gemacht?“

„Nicht viel, aber das einzig Richtige", entgegnete Martin. „Ich habe dem Mann nur stumm in die Augen gesehen und innerlich gebetet. Nach einer Weile ließ er das Messer sinken und schlich sich davon."

Der kleine Martin stampfte mit dem Fuß auf. „Den hätte ich so richtig fertig gemacht."

Der Vater schaute ihn an. „Ich behalte lieber ein gutes, freundliches und friedliches Herz gegenüber jedem. Das wissen auch meine größten Feinde."

„Ich kann mich daran erinnern", fügte Katharina hinzu, „dass wir beide damals über ein paar Monate hinweg für ihn gebetet haben. Er konnte einfach nicht begreifen, dass Gott auch ihn lieb hat."

Sie wandte sich Martin zu. „Weißt du noch? Da war doch noch der Mönch aus Leipzig. Der hatte gefordert, dass du einmal ordentlich Schläge bekommen und danach ins Gefängnis gebracht werden solltest. Und dann war er es selber, der ins Gefängnis kam."

Die Kinder konnten es nicht fassen.

Hans meinte: „Jetzt sag nicht, dass du den im Gefängnis besucht hast."

„Nein", antwortete der Vater. „Dazu ist Leipzig einfach zu weit weg. Aber ich habe ihm mehrere Briefe geschrieben und mich dafür eingesetzt, dass er wieder freigelassen wird."

GEBET

Herr Jesus Christus, es gibt immer mal wieder jemanden, der mich ärgert.

Hilf mir, mich zu wehren, wenn es richtig ist, aber auch zur richtigen Zeit zu vergeben.

Und wenn es sein soll, genau diesem Menschen etwas Gutes zu tun.

Seht, welch eine Liebe hat uns der Vater erwiesen, dass wir Gottes Kinder heißen sollen – und wir sind es auch! 1. Johannes 3,1

„Vater unser im Himmel."

Martin saß in seinem Turmzimmer und arbeitete am Kleinen Katechismus. Seine Gedanken schweiften in die eigene Kindheit zurück.

Sein Vater war ein liebevoller, aber strenger Mann gewesen.

Einmal hatte Martin in der Schule respektlos und frech dem Lehrer gegenüber gehandelt. Der hatte sich bei den Eltern beschwert.

Als der Vater hinterher mit ihm darüber sprach, behandelte Martin auch ihn lieblos und ging einfach aus dem Zimmer, noch während der Vater redete.

Da gab es eine harte Strafe.

Danach war Martin weggelaufen und wollte sich unter gar keinen Umständen dem Vater wieder nähern.

Martin hatte die Strafe verdient gehabt. Doch sie durfte auf keinen Fall der Grund sein, dass Vater und Sohn sich nicht mehr lieb hatten.

Also gab sich der Vater die größte Mühe, um seinen eingeschüchterten Sohn wieder zu sich zu locken. Sogar mit Obst und Keksen versuchte er es. Immer wieder hatte er seinem Sohn gesagt: „Komm! Lass uns miteinander reden. Wir wollen uns doch wieder lieb haben."

„Das ist es!" Martin nahm den Stift in die Hand. „Gott will uns locken. So wie mein Vater es damals in großer Geduld auch getan hat."

So fing Martin seine Erklärung zum Vaterunser an. Was für ein schönes Bild: Ein Vater, der sich hinkniet und seinem Kind die Arme entgegenstreckt.

Jetzt, als erwachsener Mann, dachte Martin daran, dass Gott ganz ähnlich handelt.
Er schenkt uns das Beste, was er hat: seinen Sohn. Er möchte, dass wir ihn mit ‚Papa' ansprechen und ihm vertrauen. Deshalb können wir wie Kinder Gott um alles bitten und ihm erzählen, was uns auf dem Herzen liegt.
Martin dachte auch an seine eigenen Kinder. Er liebte Hans, Magdalena, Martin, Paul und Margarete sehr.
Behaglich streckte er die Beine aus.
„Es gibt keine schönere Stimme, als wenn ein Kind nach seinem Vater ruft", sagte er zu sich selber.
Da wurde Martin von hinten umarmt. Katharina hatte seinen letzten Satz gehört. Sie sagte: „Wenn das Kind nach der Mutter ruft, dann ist das genauso schön. Manchmal auch anstrengend, aber eigentlich wunderschön."
Martin streckte seine Arme nach oben und zog Katharina zu sich runter. Er gab ihr einen Kuss.
„Was haben wir Christen doch für einen wunderbaren Gott! Wir dürfen ihn Vater nennen. Er hört darauf, wann immer wir ‚Papa!' rufen und zu ihm kommen. Er sagt auch, dass er uns so liebevoll trösten wird, wie eine Mutter es tut. Er hat von allem das Beste."
Katharina lehnte sich an den Schreibtisch.
„Ja, und er liebt uns mehr als alle Väter und alle Mütter der Welt es könnten."

GEBET

Vater, dass du mich lieb hast, macht mich froh.
Ich danke dir dafür, dass du mich immer wieder zu dir rufst,
auch wenn ich gerade nicht an dich denke.
Lass mich lernen, auf deine Stimme zu hören, die zu mir spricht.